子どもの発達格差

将来を左右する要因は何か

森口佑介
Moriguchi Yusuke

PHP新書

はじめに――子どもでみられつつある「発達格差」

「バラのつぼみは早く摘め　時は過ぎゆく　ラテン語で言うなら〝カーペ・ディエム〟だ」

1990年のアカデミー賞脚本賞を受賞した映画『いまを生きる』のワンシーンの台詞《せりふ》です。ロビン・ウィリアムズ演じる型破りな英語教師ジョン・キーティングが、名門校で決まりきったエリートコースを歩む青年たちに、今を生き（＝カーペ・ディエム）、素晴らしい人生を歩むように伝えます。

不惑を迎えた私と異なり、子どもも、若者も、今この瞬間を楽しみつつ、未来にも備える、二面的な存在です。今を優先しすぎると未来の可能性が閉ざされる一方で、未来を優先しすぎると今がおざなりになる。そのバランスをとることは容易ではありませんが、その中でもがき、ときに苦しみ、自分の道を探す子どもや若者の様子に過去の自分を重ね、できうる限りの手助けがしたくなるものです。

しかし、今、子どもたちに、大きな格差がみられるようになってきました。本来、今を楽しみつつ、未来にも備える子どもが、「今を生きる」子どもと、「未来に向かう」子どもに分かれてしまっている。本書では、そのような子どもの格差について、論じていきたいと思います。

■格差論からみえない子どもの姿

格差という言葉は、我が国では、「一億総中流」の時代から、バブル崩壊を経て経済的に裕福な層とそうではない層に二極化したことを表すために、よく使われるようになりました。その後、格差という言葉は、子どもにも適用されるようになりました。「ゆとり教育」が推進された後に、学力低下が顕在化した頃のことです。

教育社会学や教育心理学の分野において、学力調査などのデータを基に「学力格差」や「教育格差」などの言葉を冠する書籍も相次いで発表され、家庭の経済状態、都市と地方、居住地域などによって、子どもの学力に大きな開きが出ることが説明されています。

これらの書籍等によって、子どもの学力や教育機会にみられる格差がデータとともに示され、政策や教育支援に一定の効果があったことは評価できることだと思います。

しかし、と思います。筆者は、格差論で扱われる子どもに、違和感を覚えています。学力格差や教育格差でみられる議論では、リアルな子どもの姿がみえてきません。教育機会の提供、教師のかかわり等々、研究者や教師、文部科学省などの「大人」に焦点が当てられており、本来主役であるはずの子どもの姿がありません。

たとえば、生まれた社会階層などによる教育機会の格差と、大人になった時点での所得や学歴の格差の議論があります。これらは、子どもの人生における「入り口」や「出口」だけを扱っています。ある社会階層（裕福な家庭）に生まれるという「入り口」を持った人は、ある学歴（高い学歴）になるという「出口」から出られますよ、という話です。

ところが、入り口から出口に至る道筋はブラックボックス化しています。つまり、ある社会階層に生まれた子どもが、どういう道筋をたどると、どういう学歴や所得を得たりするかが描かれていません。この道筋こそが子どもの人生であり、成長であるはずにもかかわらずです。

特に、その道筋の間には、幼児期や青年期があります。幼児期には、子どもの様々な能力が開花し、そこには大きな個人差があります。また、青年期は、良くも悪くも不安定な時期であり、青年期の変化は子どもにとって有利に働くこともあれば、不利に働くこともあります。子どもの姿を追いかけたいのならば、幼児期から青年期を含めた道筋全体に注目すべきです。

このような道筋のことを、心理学や認知科学では「発達」と言います。本書では、この発達過程にみられる格差について考えていきたいと思います。

■非認知能力の功罪

本書で注目するのは学力ではありません。学力は、子どもの学校生活・社会生活における重要な指標ですが、一側面にしかすぎないものです。そこだけに注目することに、あまり意味はありません。

そもそも、学力をめぐる議論は、小学生以上の子どもしか論じることができません。ですが、子どもの発達の根っこは、乳幼児期にあります。

このような反省もあり、近年、学力以外に「非認知能力」に注目が集まっています。非認知能力とは、一般的に、自制心や真面目さなどを含めた個人の特性にかかわるスキルの総体とされます。

ところが、第4章で詳しく触れるように、非認知能力という言葉が指す内容が不明確で、使う人によって異なり、この言葉を使う本人すらわかっていないのではないかと思うくらいです。

「非認知能力」という言葉を使って、子どもの具体的な能力や特性について言及している場合、根拠がないことも少なくありません。「非認知能力」という言葉の定義が曖昧だからです。

本書では、「非認知能力」について心理学の立場から整理し、子どもの将来に大事だと考えられる能力を選び、「自分や他者と折り合いをつけるためのスキル」が重要であると主張します（理由は第4章で詳説）。本書では、このスキルの発達過程について論じていきたいと思います。

■〝おとなしい〟データとして扱われる子どもたち

さらに、私が抱いている教育格差や学力格差における違和感の一つが、子どもたちが単なる数値、データとして〝おとなしく〟処理されてしまっていることです。子どもの格差をめぐる議論では、子どもは学力や偏差値といった数値に変換されます。

もちろん、データが悪いと言っているのではありません。筆者自身、大量のデータを取得して、そのデータを解析する手法をとります。また、格差は、子ども個人についての問題ではなく、集団についての問題なので、集団で議論することは不可避です。

ただ、筆者は、実際の子どもを対象に、自分自身でデータを取得してきました。実際の子どもをみていると、紙の上の数値だけではわからない、「行間」のようなものがみえてきます。子どもは、黙っておとなしく座っている静的な存在ではありません。もっとパワフルで、ときには小憎らしい、活動的な存在です。

特に問題だと思うのは、学力の場合、「学力が高い＝善」と短絡的に考えがちである点です。しかしながら、発達心理学の分野では、「ある能力が高い＝善」とは一概に言えません。

発達心理学では、ある能力が高い子どもも、低い子どもも、それぞれの状況や環境に適応して生活していると考えます。子どもの発達を道筋にたとえるならば、ある能力が高い子どもと低い子どもは、それぞれ別の道を進んでいるのです。どちらの道が良くて、どちらの道が悪いとは言い切れないのです。

本書でも、子どものどの能力が、将来に影響を与えるかをみていきますが、だからと言って短絡的に「将来に影響を及ぼす能力を伸ばせばよい」わけではありません。それぞれの子どもには、今の状況になっていることに、ある種の必然性、理由があります。そこを考慮しないことには、いくら教育を行って特定の能力を伸ばせたとしても、その子どもにとって不利益となる可能性があります。

ただし、もちろん、どちらの道が将来的に「有利かどうか」を考慮することに意味はあります。この点についても説明していきたいと思います。

■発達科学からのアプローチ

このように、これまでの子どもにまつわる格差の議論では、紙の上の数値で表された、薄っぺらな子どもしか扱われていませんでした。しかし、本来注目するべきは、子どもがどのようにある能力や特性、そしてその基盤にある脳を発達させるか、それを持つことが将来の年収や幸福につながるかという発達過程であり、ダイナミックな子どもの姿なのです。

筆者は、これまで20年にわたって、子どもの発達過程を科学的に検証してきました。行動や脳の発達に注目し、様々な年齢の子どもを比較しながら発達過程を検証し、学術論文を主に国際学術誌に発表してきました。また、国際学術誌や国内学術誌の編集委員を担当し、多数の研究についての評価を行ってきました。

基礎研究に従事していましたが、ご縁があり、自治体、幼稚園や保育園、小学校などの教育現場にかかわり、子どもたちや家庭の支援に携わることも増えてきました。

このような立場から、発達格差の実態と、その格差に対して私たちは何ができるかを考えていきたいと思います。

本書は、子どもの現在や将来に関心のある親や祖父母、子どもへのかかわり方に悩む保育者、教師、子どもにかかわる行政の方はもちろんのこと、子どもの成長や発達に興味がある方に向けた内容になっています。また、大人になった現在の自分や友人・知人の行動やふるまいの理解にも貢献するでしょう。ルーツは子ども期にあるのです。

■本書の構成

本書は、3部構成になっています。まず、第1部では、発達格差の実態についてみていきます。第1章では、そもそも発達とはどういうものであるかについて説明した後に、発達格差の実例を紹介し、「今を生きる」子どもと「未来に向かう」子どもに格差があることを指摘します。

第2章では、発達格差がどのように生み出されるかについてみていきます。特に、「今を生きる」子どもと「未来に向かう」子どもの違いには、他者への信頼や生活環境が関係していることを指摘します。

第3章では、発達格差を考えるうえで、子ども期から青年期、大人に至る発達の道筋を考えることの重要性について紹介します。

第2部では、発達格差と関連する能力についてみていきたいと思います。第4章では、一般的に非認知能力と言われるものについて整理したうえで、その根本にある養育者と子どもの情緒的関係（アタッチメント）や他者への信頼について説明します。

第5章では、最も重要な能力の一つだと考えられる実行機能の発達過程について説明します。第6章では、思いやりなどと関連する向社会的行動の発達過程についてみていきたいと思います。

第3部では、発達格差の支援と今後の展望について考えていきます。第7章では、第2部でみた発達格差と関連する子どもの能力を、いかにして支援するかを考えていきます。

第8章では、子どもを取り巻く環境の設計——自治体等が、発達格差がある現状を踏まえて、子どもたちをどのように支援していくのか、教育や保育、地域の政策についてみていきます。最後、第9章では、これからの時代において、発達格差がどうなっていくかを考えます。

子どもの発達格差

目次

第1部　発達格差の実態

第1章　今を生きる子ども、未来に向かう子ども

第2章 発達格差はなぜ生まれるのか

第3章　発達の道筋――青年期の重要性

第2部 未来に向かうための力

第4章 非認知能力を批判的に整理する

第5章　実行機能の発達

第6章 向社会的行動の発達

第3部　発達格差を是正する

第7章　子どもの能力の支援

第8章　環境設計の支援

第9章　これからの時代の発達格差

おわりに　225

参考文献　227

第1部

発達格差の実態

第1章

今を生きる子ども、未来に向かう子ども

■子どもの発達は人それぞれ

本章では、子どもの頃のどのような能力がその子の将来に影響を与えるのかを紹介し、その能力の発達に格差があることをみていきたいと思います。

まず、本書のキーワードとなる、「発達」という言葉について説明したいと思います。「発達」は、身体や行動、精神、脳における時間に伴う変化のことを指します。本書では、特に行動、精神、脳の発達が中心になってきます。

子どもの発達には、標準的な発達過程がみられます。たとえば、運動の発達を例にとると、生後半年くらいで寝返りができるようになり、9か月頃にハイハイができるようになり、1歳頃に一人で立てるようになる、というように、だいたいこれくらいの年齢で、これくらいのことができるようになることを標準的な発達過程と言います。

ところが、子育てをしたことがある人、子どもにかかわったことがある人なら誰もが知っているように、子どもは必ずしもこのような標準的な発達過程をたどるわけではありません。

筆者の娘も、生後半年になっても、なかなか寝返りをしてくれず、「うちの子は大丈夫かな」と少し不安になったことを覚えています。結局、9か月頃になってようやく寝返りをしてくれたと思ったら、あっという間に歩けるようになり、標準的な発達があてにならないなと思いました。

それもそのはずで、標準的な発達とは、内容にもよりますが、ある月齢の子どもの半数程度が達成できるものにすぎず、実際には半数程度の子どもがそのとおりの経過をたどらないのです。

つまり、標準的な発達とともに、私たちは、発達の個人差というものを考えなくてはいけません。ある能力を早く発達させる子どももいれば、遅く発達させる子どももいるのです。

通常、この個人差はあまり問題になりません。6か月で寝返りができなかった私の娘も、1歳を越える頃にはほかの子どもと変わらないくらいの運動能力を示してくれました。

しかし、いくつかの能力の個人差には、子どもの将来に重要な影響を与えるものがあります。本章では、そのような個人差に注目します。

■将来に影響を与える実行機能

早速、そのような例についてみていきましょう。それは、ニュージーランドのダニーデンという地域で行われた研究です。この研究は、ある年に生まれた1000人程度の赤ちゃんを対象に、その赤ちゃんの発達を生涯にわたって追跡するプロジェクトです（文献1-1）。

この研究では、子どもの頃のどのような能力が、大人になってからの年収、職業、健康状態などと関連するかが調べられました。そのときに注目した能力が、「実行機能」と呼ばれる能力です。

実行機能については第5章で詳しく紹介しますが、目標に向かって自分をコントロールする力のことを指します。ここでは自制心のようなものだと思ってください。ダイエットのためにケーキを食べたいという衝動や欲求を抑えられるか、目標に向かってどれだけ集中して課題に取り組めるかなどを、親や教師による回答や子ども自身の回答から多面的に調べています。

実行機能が高い人は、目の前の障害や誘惑に惑わされず、目標を達成することが可能です。「未来に向かう」ことができる人と言えるでしょう。一方、実行機能が低い人は目の前のことを優先してしまいます。「今を生きる」人ということになります。

ダニーデンの研究の研究者らが当初からこの実行機能を重視していたかと言うと、実はそうではないようです。面白いこぼれ話があります。このような長期的な研究では、子どものどういう能力を調べるか、非常に悩ましいところです。ここを誤ると、後で結果が出なかったときに、「この能力ではなくて別の能力を調べておけばよかった!」となりかねません。

研究者らは、「非認知能力(non-cognitive skills)」という言葉を生んだノーベル賞経済学者のジェームズ・ヘックマン博士から助言を受けました。そこでは、ヘックマン博士は実行機能（自制心）の効果を調べるように主張したのです（文献1-2）。

ところが、ダニーデンの研究の研究者らは実行機能の重要性に懐疑的で、丁重に断りを入れました。知能指数（IQ）や社会階層（裕福な家庭か貧しい家庭か）のほうが大事だと思ったようですが、ヘックマン博士の強い主張に押し切られて、実行機能の効果を調べました。

結果としては、ヘックマン博士の言うとおりになりました。子どもの頃に実行機能が高い子どもは、32歳になったときに、様々な側面で優れた結果を出しました。ヘックマン博士に脱帽ですね。すごい人というのは本当にすごいものです。

結果を簡単にみてみましょう。まず、健康面です。実行機能が高い子どもは、大人になったときに肥満や高血圧などになりにくかったようです。自制心が強いと、目の前のおやつをがまんしたり、ラーメンをがまんしたりすることができます。大人になっても酒の飲みすぎに気をつけることができるでしょう。

次に、経済面です。子どものときに実行機能が高かった子どもは、年収が高く、貯蓄の額も大きかったようです。また、この研究が行われたニュージーランドには職業ごとの社会的地位のランキングのようなものがあり、実行機能が高い子どもは、大人になって医師や弁護士などの社会的地位が高い職につきやすかったようです。

実行機能が高いと、友達の誘いやゲームなどの誘惑に惑わされずに、勉強や仕事に集中することができ、難しい試験に合格したり、プロジェクトを成功させたりできるのかもしれません。

最後に、実行機能が高い子どもは、タバコや薬物に依存することはなく、犯罪を起こす確率が低いということも明らかになりました。

この研究では、子どもの知能指数と社会階層を統計的に処理しています。知能指数は学力と直結しますし、学力格差や教育格差の議論にあるように、社会階層は子どもの最終的な学歴や経済状態に関連します。実行機能が大事なのではなく、子どもの知能指数や社会階層のほうが強い影響力がある可能性は排除できません。

しかし、この研究では、これらの影響を排除しても、実行機能は子どもの将来的な健康状態や経済状態などと強い関連を示しています。もちろん、実行機能と子どもの将来の関係は相関的なものである点には留意する必要がありますが、学力格差や教育格差の中で出てくるような、知能指数や社会階層以外にも、子どもの将来に関連する大事な要因が発見されたということになります。

■実行機能の影響は一部の子どもに限らない

図1-1　子ども期の実行機能（自制心）と成人期の健康・富状態の関係

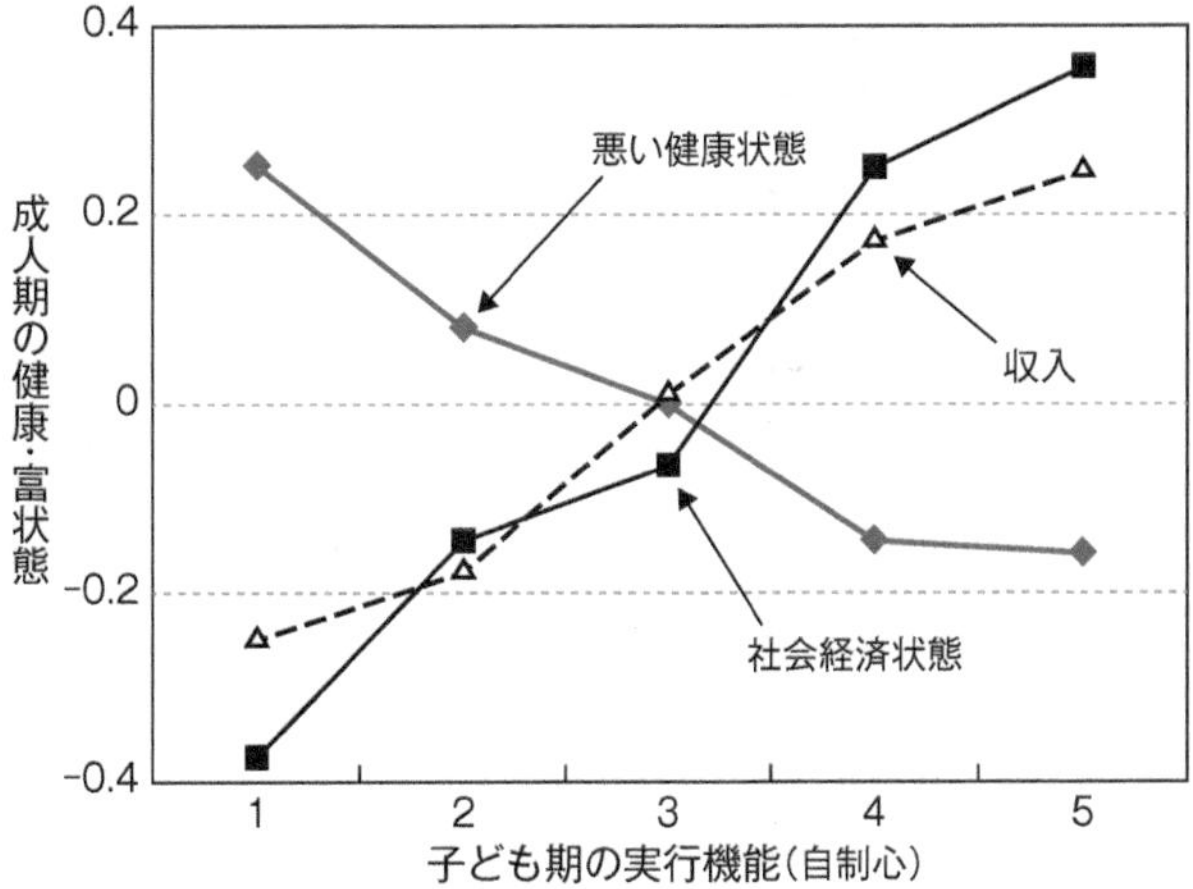

出所：Moffitt et al. (2011) PNASを基に筆者作成

先述したように、子どもの頃にみられる実行機能は、大人になってからの健康状態や経済状態と関連します。ただ、このような結果は、実行機能に大きな問題を抱えている一部の子どもに影響を受けている可能性もありえます。

そこで、このダニーデンの研究では、子どもたちを、五つのグループに分けました（図1-1）。子どものときの実行機能の成績で、それぞれ20%ずつのグループに分けたのです。最も実行機能が高い20%の子どものグループ、次に高い20%の子どものグループ、真ん中の20%の子どものグループ、下から2番目の20%の子どものグループ、最も低い20%の子どものグループです。それぞれ、5、4、3、2、1のグループとされました。

その結果、実行機能が高いグループであればあるほど、大人になってからの健康状態や経済状態が良いということが示されたのです。つまり、1のグループよりも2のグループが、2のグループよりも3のグループが、大人になってからより良い結果になったということです。

また、実行機能が最も低いグループを除外したり、最も高いグループを除外したりしても、研究の結果は影響を受けませんでした。

つまり、実行機能が最も低いグループが将来的には一番経済的問題や健康の問題を抱える可能性が高いものの、それ以外のグループでも、将来の結果との関連性がみられるということです。

■日本における「21世紀出生児縦断調査」

こういう話をすると、どうせ外国の話でしょ、という声が聞こえてきそうです。確かに、ダニーデンの縦断研究のような長期縦断プロジェクトは我が国にはありません。ですが、類似したものとして「21世紀出生児縦断調査」というものがあります。

この調査の中で、2001年（平成13年）にスタートしたものでは、2001年に出生した子どもを対象に、その子どもたちの発達を追跡しています。規模も大きく、その中には実行機能にかかわるような質問項目も少数ながら含まれています。

特に、5歳半の調査では、「落ち着いて話しを聞くこと」「ひとつのことに集中すること」「がまんすること」を「できる」か「できない」で保護者が評定しています（文献1-3）。

この三つの項目しか含まれていないので、個人差は出にくいのですが、それぞれの項目で「できる」と保護者が答えた割合は7～8割でした。ダニーデンの研究は親、教師、子ども自身から多面的に実行機能を調べているので、そちらと比較すると客観性は劣るものの、日本の子どもにおいて5歳半時点で実行機能に格差がある可能性が示されます。

この調査はまだ進行中なので、大人になったときの健康状態や経済状態との関係は明らかではありませんが、今後の進展に期待したいところです。

■「強さと困難さのアンケート」からみえる格差

そのほかのデータとして、世界中で使われているSDQ（「強さと困難さのアンケート」）をみてみましょう。こちらは、子どもの社会的・情緒的行動の問題を検出するためのアンケートです（文献1-4）。実行機能そのものを調べているわけではないですが、関連する内容を含みます。この中に、子どもの多動や不注意を調べる「おちつきがなく、長い間じっとしていられない」などの質問が五つあり、その質問を「あてはまる（2点）」「まああてはまる

図1-2　「強さと困難さのアンケート」における多動性の得点

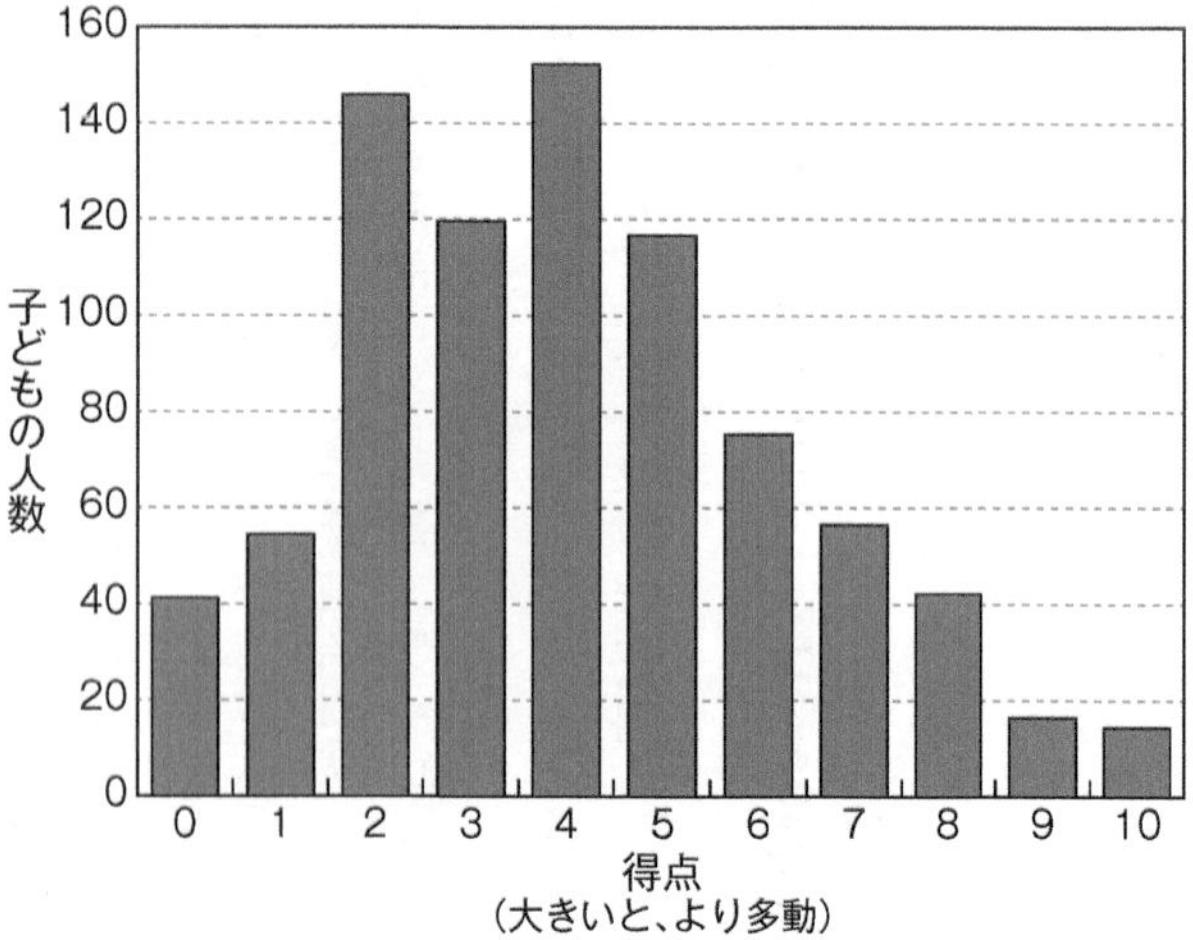

（1点）」「あてはまらない（0点）」の3択で答えます。得点は多動・不注意が全く当てはまらない子どもは0点、すべて当てはまる子どもが10点となります。

840人の4〜9歳児を対象にした私たちの調査では、支援が必要とされる7点以上の子どもが16％、支援がやや必要とされる6点の子どもが10％程度となっています（図1−2）。国内の他の調査よりは高い数字になっているので少し控えめにみる必要がありますが、ある程度支援が必要な子どもが約25％もおり、私としても驚きました。この子どもたちは、ダニーデンの研究における、実行機能が最も低い子どもたちに該当する可能性があります。

この数字は、「21世紀出生児縦断調査」で用いられた三つの質問に「できない」と保護者が回答した子どもの割合とも概《おおむ》ね一致しています。20％程度の子どもが実行機能や自制心に問題を抱えている可能性が指摘できそうです。

また、このアンケートは支援が必要とされる子どもをみつけることが目的なので、6点以上の子どもが主な対象ですが、ダニーデンの研究を考慮すると、支援が不要とされる0～5点の子どもも一括りにしていいわけではなさそうです。

0～1点の子どもは全体の10％程度、4～5点の子どもは30％程度ですが、両者の将来には違いがある可能性も考えられます。また、全体として、2点の子どもと4点の子どもが最も多い二こぶのグラフになっています。平均点である4点が最も多いのは当然なのですが、実行機能が比較的高い2点の子どもも同じくらい多い点が興味深いところです。

■他者を思いやる向社会的行動

実行機能以外にも、子どもの将来に大きな影響を与える能力があります。それは「向社会的行動」です。向社会的行動は、日常的な言葉で言うところの思いやりです。友人・知人に親切な行為をしてあげたり、自分の所有物を分け与えたりすることが含まれます。学術的には、他者に利益をもたらす意図に基づく自発的行動とされます。

ここで大事なのが、自発的に、という部分です。お願いされてからやるのではなく、相手の困った様子をみて自発的になされるのが向社会的行動です。

思いやりは、子育てでも非常に重視されます。親を対象に子どもにどのように育ってほしいかを尋ねるアンケートで、しばしば「思いやりを持つ子」が第1位になります。

たとえば、友達が弁当を持ってくるのを忘れていたとします。そのときに、気の毒に思って自分の弁当のおかずを一部あげることは、立派な向社会的行動です。

ここで大事なのは、一部の向社会的行動は、自分にとって不利益になることです。先ほどの例だと、自分のおかずをあげることは、友達の利益にはなりますが、自分にとっては不利益になります。

ですので、向社会的行動ができる人は、自分よりも他者を優先できる人だということになります。ただ、他者を優先することは、将来的に自分に利益をもたらす可能性があります。たとえば、自分が弁当を忘れたときに、今度は友達がおかずをくれるかもしれません。そういう意味で、向社会的行動は、実行機能と同様に、「未来に向かう」行動です。

一方、向社会的行動ができない人は、今の自分を優先させる人です。「今を生きる」人と言えるでしょう。

■向社会的行動が子どもの将来を左右する

向社会的行動も、実行機能ほどではないとは言え、子どもの将来に影響を与えるという結果が報告されるようになってきました。まず、向社会的な子ども、親切な子どもは、そうではない子どもよりも攻撃性が低く、そのこともあり、友達に好かれ、人気があります。また、教師からの信頼も得やすいことが知られています。

さらに、読者の方も経験があると思いますが、親切な行為をすると幸福感が高まるので、全般的に問題行動も少なく、ポジティブに生活を送りやすいことも知られています。

向社会的な子どもは、学力にも優れるようです。オーストラリアの5万人を対象とした大規模研究を紹介しましょう（文献1-5）。この研究では、5〜6歳頃の向社会的行動を教師評定で測定しています。たとえば、泣いている子どもを慰めるかといった質問です。

この研究では、向社会的行動が、その子どもたちの後の学力と関連するかを調べました。学力との関連を調べるのも妙な気がしますが、国を挙げての調査になるので、学力との関連はどうしても気になるのでしょう。

その結果、5〜6歳の頃に向社会的行動ができる子どもは、同時期の学力が高く、その結果として9歳頃の学力が高いことが示されています。友達に親切な子どもは、学力を高めやすいということになります。

なぜこのような関係があるのでしょうか。しばしば指摘されるのが、向社会的な子どもほど、友達や教師に人気があるため、多くの支援や教育資源を受け取れるという点です。教師はどの子どもに対しても平等であってほしいですが、そこは人間ですから、どうしても接し方に差が出てしまうと言うのです。

実際、456人の子どもを対象にした中国の研究では、親切な子どもほど、友達から受け入れられて、支援を受けることができるため、学力が高いことが示されています（文献1-6）。

別の研究では、向社会的な子どもは、後に身体的に健康であることが示されています。この研究では、3000人のイギリスの子どもの9歳のときの、向社会的行動を測定しています。向社会的行動は母親が評価しました（文献1-7）。

この子どもたちが17歳になったときに、循環器系疾患があるかどうかが調べられました。その結果、向社会的な子どもは、循環器系の問題が少ないことが示されています。

実行機能と比べると幾分影響力は弱いですが、向社会的行動は、子ども自身に利益をもたらすのです。まさに「情けは人の為ならず」ですね。

図1-3　「強さと困難さのアンケート」における向社会的行動の得点

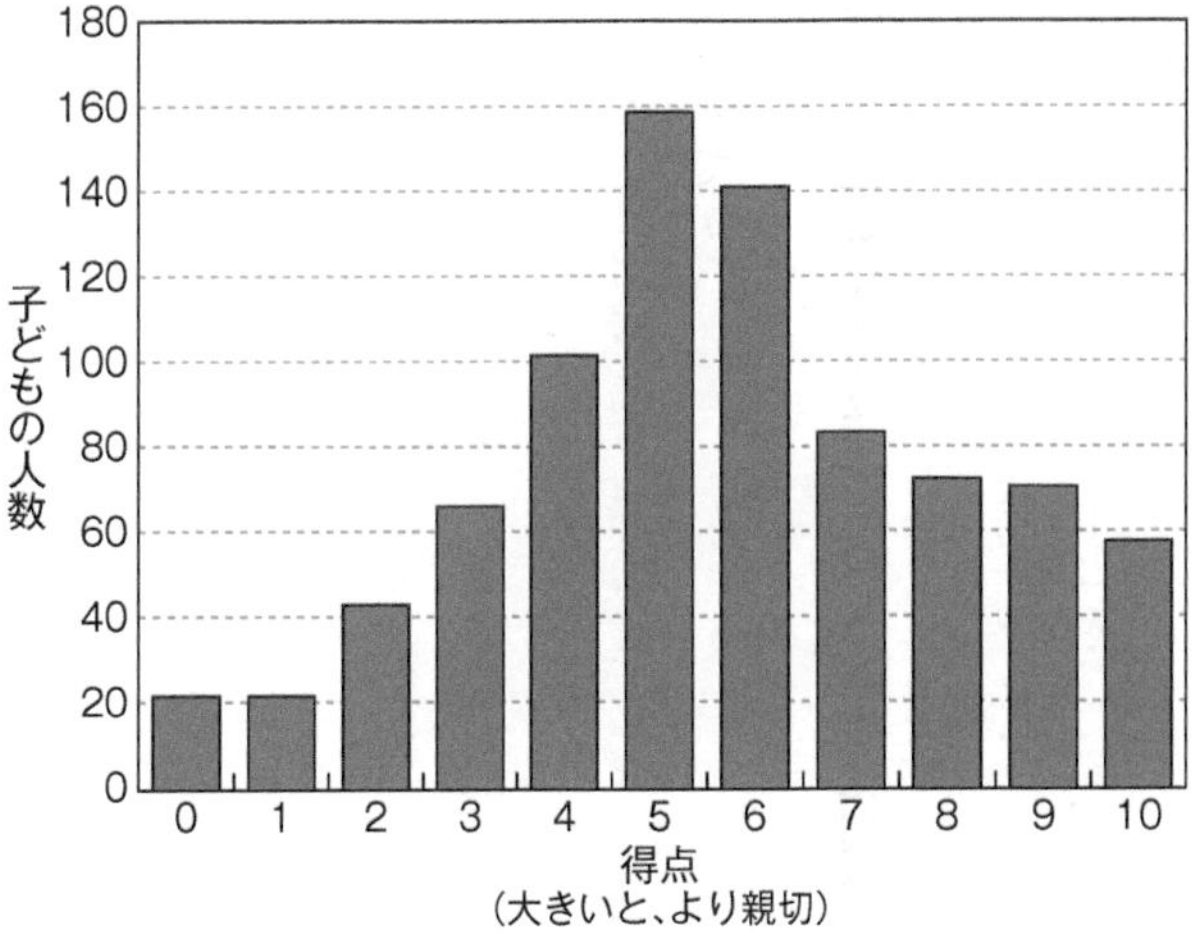

■思いやりにみられる格差

向社会的行動についても、大きな格差がみられます。保育園をみてみればわかるとおり、向社会的な子どももいれば、そうではない子どももいます。第6章で詳しく紹介しますが、子育てや友達などの様々な要因に子どもの向社会的行動は影響を受けます。

前述の「強さと困難さのアンケート」にも、向社会的行動は含まれているので、我々のデータを紹介しましょう（図1-3）。このアンケートには、「他の子どもたちと、よく分け合う（おやつ・おもちゃ・鉛筆など）」や「自分からすすんでよく他人を手伝う（親・先生・子どもたちなど）」などの項目が含まれていて、その質問を「あてはまる（2点）」

「まああてはまる（1点）」「あてはまらない（0点）」の3択で答えます。

多動性の得点と同様に、思いやりも10点満点ですが、こちらは得点が高いほど思いやりがあるということになります。私たちのデータでは、支援が必要とされる0〜4点の子どもが、約30％もいました。幾分支援が必要な5点の子どもも加えると、840人のうち、50％程度の子どもが支援を必要としているということになりました。

これは国内の他の調査と比べるとだいぶ高いので、3000人規模の別の国内のデータをみてみると、5点以上の子どもは約30％でした（文献1-4）。それでも、支援が必要だとされる子どもの数は少なくありません。

このように、向社会的行動を示しやすい子どもと、そうではない子どもが、くっきり分かれるようです。

■発達格差とは、今を生きるか、未来に向かうか

ここまでみてきたように、実行機能と向社会的行動の発達には、大きな格差がありそうです。実行機能は、目標に向かって自分をコントロールする力です。目の前に食べたいケーキがあるときに、ダイエットという目標、健康な未来に向かって、食べたいという衝動を抑えるための力です。

実行機能が発達するということは、「今を生きる」ことよりも、「未来に向かう」ことを選ぶということです。ある子どもが、お腹が空いたとします。家には、あまり好きではないおまんじゅうがあります。それをすぐに食べることも可能です。でも、父親が後で大好きなケーキを買ってきてくれると約束しています。おまんじゅうを食べたら、ケーキは食べてはいけない約束です。今おまんじゅうをがまんすれば、未来によりおいしいケーキを食べることができるのです。

別の例を考えると、ゲームをする選択肢と勉強をする選択肢があるとします。今、ゲームをしたいという気持ちと、試験のために勉強をしたほうがいいという気持ちの葛藤がありま す。このとき、ゲームをして楽しむという「今」を選ぶのか、勉強をしてより良い「未来」を選ぶのかという選択があるのです。

実行機能が高い子どもは「未来に向かう」子どもであり、実行機能が低い子どもは「今を生きる」子どもであるということになります。

もちろん、年齢とともに、実行機能は発達していきます。標準的な発達としては、3歳よりも4歳、4歳よりも5歳のほうが実行機能は発達しています。ただ、同じ年齢の中でも、格差があるということです。標準的な発達よりも高い能力を示す子どもと、示さない子どもの間に、格差があるのです。

同じことは、向社会的行動にも言えます。先述のように、向社会的であるということは、「今自分がしたいこと」よりも「他者を優先すること」を選択できるということです。そして、他者を優先することは、未来への投資と理解できます。

友達に弁当を分配するという場合、別の場面で自分が弁当を忘れたときに分配されやすくなります。もちろん、純粋な親切心からなされることが多いとは思いますが、思いやりが子ども自身に利益をもたらすという点を思い出してください。ここでも、「今を生きる」ことと「未来に向かう」ことの2択になるのです。

さらに、実行機能と向社会的行動には発達的な関連がみられます。それぞれ独立でも子どもの将来に影響するのに、二つが揃ってしまえば、その影響力はさらに大きくなっていきます。

実行機能が低く、向社会的な行動をしにくい子どもと、実行機能が高く、向社会的行動ができる子ども。「今を生きる」子どもと「未来に向かう」子どもに分かれているのではないか。それが私の言うところの発達格差です。

もちろん、「今を生きる」ことと「未来に向かう」ことは、両立しうるものです。大人であれば、普段はお酒を控えていて未来のことを考えていても、何かお祝い事があったときには、今日くらいは、と今を生きることにシフトすることができます。

一方、もともと、子どもは今を生きています。生まれたばかりの赤ちゃんは、将来のことなど考えることなく、目の前のおっぱいを欲しがり、親のぬくもりを求めます。ほぼ100%今を生きているわけです。

ですが、発達に従って、幼児期頃から記憶が発達し、時間の概念を獲得し、過去だけではなく未来のことを考えられるようになります（文献1-8）。このときに、未来に向かうことができる子どもと、今を生き続ける子どもに分かれてきます。

子どものときにみられる「今を生きる」子どもと「未来に向かう」子どもの格差は、将来に直結してきます。「今を生きる」子どもたちは、将来、健康面でも経済面でも、不利に立たされる可能性が高く、「未来に向かう」子どもたちは、これらの面で有利である可能性が高いことは、これまでみてきたとおりです。

ただ、詳しくは次章で述べますが、筆者は、「今を生きる」子どもよりも「未来に向かう」子どものほうが善い、と主張したいわけではありません。将来的に後者が有利なのは確かなのですが、子どもの発達については、どちらの子どもも自分が生きる環境に適応した結果だと考えられます。学力の議論では「学力が高い＝善」とされがちですが、短絡的にどちらが良いと言えるものではないのです。

■前頭前野の重要性

先述のように実行機能と向社会的行動には、大きな関連があることが報告されています。ある子どもに実行機能のテストと向社会的行動のテストに取り組んでもらうと、その成績に関連があるのです。つまり、実行機能が高い子どもは向社会的行動もしやすく、実行機能が低い子どもは向社会的行動もしにくいのです。

両者に共通する要因として、前頭前野の発達を挙げたいと思います。急に脳の話になったので戸惑われるかもしれませんが、ご容赦いただければと思います。

私たちの脳には、様々な部位があります。呼吸などの生命維持に必須の脳幹、運動の調整に必要な小脳、感情にかかわる大脳辺縁系、脳の表面にあり知的活動との関連が強い大脳皮質などがあります。

前頭前野は、大脳皮質の前頭葉の前方にある領域です。この領域は脳内の他の様々な領域との間にネットワークを形成しています。他の脳領域から前頭前野に情報が送られることもあれば、前頭前野から他の脳領域に情報が送られることもあります。

そのため、前頭前野には他の脳領域を調整する役割があると考えられています（文献1-9）。仮に、行動Aと行動Bのどちらかを選択しなければならないとします。たとえば、じゃんけんのときに、グーにするか、パーにするかという選択です。当然、それぞれの行動とかかわる神経回路が活動することになります。このような場合に、前頭前野はどちらかの脳領域の活動を高める（もしくは低下させる）ことで、その領域の活動とかかわるような行動を産出しやすくしたり、しにくくしたりすることができます。

大雑把に言って、実行機能は「今の満足」と「未来につながる行動」の間の葛藤を解消し、後者を選ぶために必要な能力ですが、前者にかかわる、たとえば、欲求や衝動性にかかわる脳領域の活動を制御することに外側《がいそく》前頭前野という領域がかかわることが示されています（詳細は第5章）。

向社会的行動に関しても、「自分を優先すること」と「他者に向かうこと」の葛藤を解消するために外側前頭前野がかかわることが知られています（詳細は第6章）。

そして、この外側前頭前野は、特に他の領域を調整する役割に関しては、幼児期に発達することを、私たちの研究グループは示してきました。実行機能のテストを子どもに与えて、その際の外側前頭前野の活動を調べると、3歳頃では十分な活動がみられないのに対して、5歳頃までに活動が強まることを示しました。

同様に、向社会的行動にかかわるテストでも、5歳頃の幼児が外側前頭前野を活動させていることを示しています。

このように、実行機能の発達にも向社会的行動の発達にも、外側前頭前野の活動が大きくかかわっています。

そして、もう一つ重要な点として、実行機能の個人差と前頭前野の活動の個人差が関係していることが挙げられます。3歳のときに実行機能のテストを正答できた子どもでは、外側前頭前野が活動しているのに対して、正答できなかった子どもでは、外側前頭前野の活動が認められませんでした。

どうやら、前頭前野を中心とした脳内ネットワークの働きに、「今を生きる」子どもと「未来に向かう」子どもの違いがみられそうです。

まとめ

本章では、子どものときの実行機能と向社会的行動にみられる格差が、その子どもの将来の健康や経済面に影響を与えることをみてきました。そして、子どもが幼児期頃から、実行機能や向社会的行動が相対的に低い「今を生きる」子どもと、相対的に高い「未来に向かう」子どもに分かれる発達格差がみられることを説明してきました。

次章では、なぜこのような格差が生まれてくるのかについて考えたいと思います。

第2章

発達格差はなぜ生まれるのか

第1章では、子どもは幼児期頃から「今を生きる」子どもと「未来に向かう」子どもに分かれる、発達格差が生じているのではないかと論じてきました。第2章では、このような違いが生まれてくる背景と、それが意味することについて考えてみたいと思います。

特に、子どもの将来を考えれば「未来に向かう」子どものほうが有利ですが、単純に「未来に向かう」ことが良くて、「今を生きる」ことが悪いわけではないことについて考えてみたいと思います。

■今を生きるA君の話

第8章で詳しく述べますが、筆者はいくつかの自治体の事業に携わっています。こういった事業や子どもの支援に身を置いていると、かなり厳しい環境に置かれている子どもに接することが少なくありません。プライバシーの関係で、ここではそういった経験に基づいた架空の子どもについて紹介します。

小学校低学年のA君。衝動的な行動や感情の爆発を抑えきれず、教師は問題児だと思っています。A君の父親は、A君が小さい頃に家を出ていってしまいました。記憶にはほとんどありません。母親に甘えたいところですが、家にいる時間は少なく、ときどき知らない男の人を連れてきます。この男の人といるときは、母親はA君にとても冷たいです。

家に食べ物はなく、いつもお腹を空かせています。母親がご飯をつくってくれることはなく、カップラーメンや菓子パンなどをときどき買ってきてくれます。ただ、食べ物を家に置いておくと、母親なのか、その男の人なのか、誰かが食べてしまい、すぐになくなってしまいます。


A君は、食べ物があれば、がまんすることはなく、すぐに食べてしまいます。友達がお弁当を忘れてきたところで、自分のパンを分けることはしないでしょう。

A君は「今を生きる」子どもだと思われます。ここでA君が、「未来に向かう」必要があるのか、という点を考えてみたいと思います。常にお腹を空かせていて、いつお金や食料を持ってきてくれるかわからないのに、「今はがまんして、後で食べなさい」とか、「友達に分けてあげなさい」と言うことは難しいように思います。

したがって、A君が「今を生きる」のは、単純に発達が遅れているということではないのです。彼が置かれている生活にとって、最も適した行動をとっているだけなのです。

特に、この場合、「食べ物が不足している」という物理的な状況はもちろんのこと、「食べ物を置いておくと誰かに食べられる」という社会的な状況が重要になってきます。残しておいてもなくなるくらいなら、今すぐに食べようという選択は適切なのです。

このことをもう少し一般化するために、有名な「マシュマロテスト」について考えてみたいと思います。

■「マシュマロテスト」は他者への信頼を表す？

目の前にマシュマロが一つ置いてあります。子どもは、お腹がペコペコのようです。

そこで子どもは実験者から、「目の前にある一つのマシュマロを食べてもいいよ。でも、15分待ったら、マシュマロを二つあげるよ」と告げられます。その後、実験者は部屋から出ていきます。

子どもは、今すぐ食べたいという気持ちと、少しがまんすればマシュマロが2倍になるという事実との間で揺れます。子どもはどういう行動をとるでしょうか。

これは、心理学で有名な実験の一つであるマシュマロテストです。このテストは、半世紀ほど前にウォルター・ミッシェル博士によって開発されました（文献2-1）。

このマシュマロテストでは、目の前のマシュマロを選ぶ子どもと、がまんして後で二つのマシュマロを選ぶことができる子どもがいます。前者は本書で言うところの「今を生きる」子ども、後者は「未来に向かう」子どもに該当することになります。

一見すると、目の前のマシュマロを選ぶ子どもは、がまんが足りない子どもということになります。目の前のマシュマロへの衝動を抑えきれない、困った子ども。一方で、15分間待つことができた子どもは、がまんができる、お利口な子ども。そういうふうに思う方もいるかもしれません。

ですが、少し考えてみてほしいのです。本当に、「今を生きる」子どもは、望ましくない子どもなのでしょうか。

マシュマロテストで大事なことは、実は、マシュマロをくれる人への信頼です。マシュマロテストでは、子どもにとって初対面の実験者が担当するので、この人を信頼していいかわかりません。15分待ったらマシュマロを二つくれると言われても、部屋から出ていったこの人が本当に戻ってくるかはわかりませんし、戻ってきてもマシュマロをくれるかもわかりません。

本当に二つくれるかどうかわからないのであれば、目の前のマシュマロを食べることは、決して間違った選択ではありません。実際、そのようなことを考えさせる、興味深い研究が最近報告されています（文献2-2）。

この研究では、まず、子どもと実験アシスタントが一緒に絵を描くなどして遊んでいます。その様子を実験者はみています。その後、アシスタントが部屋を出ていった際に、実験者はアシスタントの作品を壊します。このとき、二つの条件を設けました。

一つは、信頼できる実験者です。実験者は誤って作品を壊してしまいます。アシスタントが部屋に戻ってきたときに、自分が壊してしまったことを告げ、真摯《しんし》に謝ります。

もう一つは、信頼できない実験者です。実験者はわざと作品を壊し、アシスタントが部屋に戻ってきたときに、自分は作品を壊していない、誰が壊したかもわからないと伝えます。

この後、それぞれの実験者がマシュマロテストを子どもに対して行いました。その結果、子どもが二つのマシュマロを得るために待つことができる時間は、信頼できる実験者の場合には、信頼できない実験者の場合よりも、約3倍長かったのです。

ここで大事なのが、実験者が示した行動（アシスタントの作品を壊す）は、マシュマロをくれることと直接的な関係がないという点です。それであっても、子どもは実験者の不誠実な様子をみることで、待っても二つもらえないかもしれないと考え、今すぐのマシュマロを選んだのです。

この結果は、マシュマロテストで二つもらうことを選ぶためには、他者をどれだけ信頼しているかが大事であることを示しています。

■マシュマロテストをめぐる論争

マシュマロテストが他者への信頼を反映していることは、縦断的な研究からも示されています。

もともと、マシュマロテストは、実行機能や自制心が子どもの将来に大事であるということを示す決定的な証拠だとされていました。第1章に出てきたダニーデンの研究結果よりも前に、子どもの実行機能と青年期や大人になってからの様々な行動との関係が報告されています。

たとえば、子どものときのマシュマロテストの成績と青年期の学力や友達との対人関係スキル、問題行動などとの関連が調べられてきました。その結果として、マシュマロテストで長い時間待つことができた子どもは、そうではない子どもよりも、青年期の学力や対人スキルなどが良好であることが示されました（文献2-3）。

さらに、大人になってからの自尊心や健康状態とも関連することが報告されました。マシュマロテストで長い時間待つことができた子どもは、自尊心が高かったり、健康状態が良好だったりしたのです。

心理学者はこの研究結果を長い間信じてきたのですが、2018年にこの結果に疑義を呈する研究が報告されました。オリジナルの研究とほぼ同じ方法で、かつ、より規模の大きい研究がアメリカで実施されました（文献2-4）。

まず、オリジナルの研究と同じ分析をしたところ、オリジナルの研究ほどではないですが、マシュマロテストの成績と青年期の学力や対人スキルとの間に関係はみられました。この意味では、オリジナルの研究結果は再現されています。

この点を明記しておきたいのは、新聞等で、「マシュマロテストの研究結果は再現されなかった」という報道がなされており、この報道は正しくないからです。

心理学では、過去の有名な研究と同じ方法で研究を実施しても、必ずしも同じ結果が得られないことがあります。２０１５年頃から、これが問題視され、国内でも研究の再現性についての議論が広くなされるようになりました。

このこと自体は、心理学が科学であろうとするための試みとして非常に良いことなのですが、マシュマロテストについては、過去の研究結果と同じ結果が再現されているので、他のものと同じように議論することは大きな誤解を招きます。

ただ、そもそもオリジナルの研究に問題がある場合があります。この場合、オリジナルと同じ結果が出ても、その結果には慎重になる必要があります。

マシュマロテストに関しては、オリジナルの研究では子どもの社会階層や様々な認知機能を考慮していませんでした。社会階層は青年期の学力や対人スキルに影響するので、これらを統制していないのは大きな問題と言えます。これ以外にも様々な能力や指標を統計的に考慮したところ、2018年の研究では、オリジナルの研究と同じ結果にはなりませんでした。つまり、マシュマロテストの成績と青年期の学力や対人スキルには強い関係がなかったのです。これは、社会階層などの影響力が大きいということを意味します。

■過熱する論争がもたらした新事実

ところが、この話には続きがあります。別のグループが、2018年の研究の問題点を指摘しました。2018年の研究では、社会階層の影響を考慮すると、幼児期のマシュマロテストと青年期の問題行動の関連が弱くなることが示されました。ですが、このグループの論文によると、マシュマロテストの成績はそもそも社会階層とも密接に関連しているため、社会階層の影響を考慮すると、マシュマロテストと青年期の問題行動の関連は必然的に弱くなってしまうと言うのです（文献2-5）。この指摘は賛否が分かれるところです。

さらに、2020年に出された研究でもっと重要な点があります。それが、マシュマロテストの成績が、なぜ青年期の問題行動と関係するかを、うまく説明したことです（文献2-6）。

この研究では、マシュマロテストとともに、子どもの実行機能と他者への信頼を別のテストで調べることによって、マシュマロテストと青年期の問題行動の関係が、どちらによってより明確に説明されるのかを調べたのです。

つまり、マシュマロテストは、実行機能を反映していると考えたほうがいいか、他者への信頼を反映していると考えたほうがいいのかを調べたということになります。

ここで、他者への信頼は、教師や親が評定しています。たとえば、子どもが自分の気持ちや経験を率直に話してくれるかなどの質問によって、子どもが教師に対してどの程度親密さや信頼を覚えているか、子どもが親のことを信頼しているか、そして、子どもが他の友達を信頼しているか、を調べました。

その結果、マシュマロテストは、実行機能も他者への信頼も反映していることが示されました。興味深いのは、マシュマロテストの成績は、実行機能よりも、他者への信頼を強く反映していたという点です。

つまり、マシュマロテストの成績が良い子どもは、他者のことを信頼し、他者との関係性が良好であるため、後の問題行動が少ないということです。他者への信頼も、「未来に向かう」ための一つの特徴だということになります。

■発達格差と他者への信頼

第1章と併せて考えると、「未来に向かう子ども」は、実行機能が高く、向社会的であり、他者のことを信頼できるという三つの特徴を持つことになります。
重要な点は、子どもが実行機能や向社会的行動を発達させる前から、他者への信頼は発達し始めるということです。他者を信頼できるから、今より未来を優先してがまんできるし、他者を信頼できるからこそ、後のお返しを想定して向社会的行動ができるのかもしれません。

他者への信頼の根本は、養育者と子どもの親密な関係です。発達格差が生み出される要因として、他者を信頼できないこと、さらに言えば、親などの最も近い他者を信頼できないこと、が挙げられそうです。

冒頭のA君の話に戻ると、A君の環境下では、両親すら信頼することはできません。父親は不在で、そもそも会うことすらありません。玩具や食べ物を持って、少しの間でも会いに来ることは可能であるはずなのに、会いに来てはくれません。そのような父親を信頼することは難しいでしょう。

母親は、仕方がないとは言え、仕事で忙しく、親子の会話や交流する時間はありません。ときどき食べ物をくれるので、もちろん父親よりは信頼できますが、次にいつ食べ物をくれるかはわかりませんし、他の男の人を連れてきたときには、A君よりもその男の人のことが優先されます。

また、食べ物を置いておくと、母親か他の男の人に食べられてなくなってしまうような状況で、その人たちを信頼できるかと言うと、なかなか難しいでしょう。このように、食べ物を始めとした資源が物理的に不足しており、他者に対する信頼が不足しているような状況で育つと、子どもは、未来に向かうことが難しくなるのです。

■発達格差と貧困

先述した2点、食べ物などの物理的な不足と、他者への信頼などの社会的な不足の両方と深く関連するのが、貧困です。

よく指摘されるように、我が国における相対的な貧困率は高止まりしており、近年も15％前後を推移しています。貧困が学力や受けられる教育に大きな影響を及ぼすことは、学力格差や経済格差で指摘されているとおりです。

我が国で規模の大きな貧困の研究として、日本財団の調査があります（文献2-7）。この調査は大阪府箕面《みのお》市の18歳以下の子どもを対象にしたもので、生活保護、児童扶養手当（ひとり親）、就学援助、子ども医療の非課税世帯などを指標として、経済的に苦しい家庭で育つ子どもを対象にしています。

この調査では、学力以外に、家族や友達に支えられていると感じるかなどの他者への信頼や、自己肯定感、対人スキルなども調査項目に含まれているため、貧困が子どもの発達に与える影響を検討することができます。

小学生から中学生の子どもを対象にした調査では、生活保護、児童扶養手当、就学援助のいずれの家庭の子どもも、それらを受給していない家庭と比べて、家族や友達、教師に相談できるかという質問に対して、できる、もしくは、だいたいできると答えた割合が低いことが報告されています。そして、これは概ねどの学年の子どもにも当てはまるようです。

たとえば、「かなしいことや困ったことがあった時に家の人に相談できるか」という質問に対して、「できる」「だいたいできる」と答えた割合は、非受給の家庭では、小学校低学年で82%、中学年で81%、高学年で79%、中学生で82%でした。一方、生活保護を受給している家庭では、小学校低学年で78%、中学年で72%、高学年で70%、中学生で78%と、いずれの学年でも低くなっています。児童扶養手当や就学援助の家庭の子どもも同じ傾向を示しています。

つまり、経済的に苦しい家庭に育った子どもは、他者を信頼して相談することが、家族であっても難しいことがうかがえます。

■貧困と前頭前野

また、「今を生きる」子どもと「未来に向かう」子どもの分かれ目である前頭前野の発達も、貧困に大きな影響を受けます。ある研究では、家庭の経済状態が、視覚的な認識や記憶、言語能力、実行機能のいずれの能力の発達に影響を及ぼすかが検討されました（文献2−8）。

その結果、最も強い影響があったのが、言語能力と実行機能だったのです。言語能力については、家庭でどの程度会話があり、どの程度本があるかなどに強く影響を受けることが知られています。貧困の家庭では、いずれも低いことが国内外の研究から繰り返し報告されています。

実行機能も、経済格差が影響するようです。経済的に裕福な家庭の子どもは、そうではない子どもよりも、実行機能が高いのです。

さらに、より直接的に貧困と前頭前野の発達が関連するという証拠があります。

幼い子どもで脳活動のデータを取得するのは容易ではないため、これまでの研究では小学生以降の子どもを対象にした研究から、経済格差が前頭前野の発達に影響を与えることが知られていました。

私たちは、このような経済格差の影響がどのくらいの年齢から出るのか調査するため、実行機能が発達する3〜6歳の子ども93人を対象に、実行機能のテスト時における外側前頭前野の働きを調べました（文献2-9）。

家庭の経済状態を調べることができたので、93人のうち2割弱が貧困とされるグループに入り、残りの貧困ではない家庭で育った子どもと比較しました。その結果、この年齢で、既に外側前頭前野の働きに違いが認められました。貧困グループの子どもは、そうではない子どもと比べて、前頭前野の働きが幾分弱かったのです。

グループ間の違いはそれほど大きいものではなかったので私たちは安心しましたが、それでも幼い時期から脳の発達に違いがみられるようです。

このような早い時期から貧困の影響がみられるとなると、貧困そのものが影響するというよりは、貧困家庭の親が持つ遺伝的な要因、特に前頭前野の働きに関する遺伝的要因を子どもが持つために、子どもの前頭前野の働きが悪いのではないかと思うかもしれません。

その可能性は完全には排除できませんが、生まれたばかりの赤ちゃんを対象にした研究では、貧困の家庭で生まれても、そうではなくても、脳の働きに違いがないことが報告されています（文献2-10）。新生児では前頭前野がまだしっかりと機能していませんが、これらの結果をみると、貧困が子どもの脳の発達に影響する可能性が高いと言えます。

■なぜ貧困が前頭前野に影響するのか

なぜ、貧困と前頭前野の発達は関連するのでしょうか。ここでは二つの理由を挙げておきたいと思います。

一つは、ストレスの影響です。貧困の家庭では、虐待などを含めた厳しい体験をすることも少なくなく、慢性的にストレスを感じていることが知られています（文献2-11）。

このような影響は、乳児期からみられるようです。アメリカの乳児を対象にした研究では、貧困家庭で育つ子どもは、そうでない子どもよりも、生後半年の時点で慢性的なストレスを抱えていることが報告されています。生まれて半年の赤ちゃんは、既にストレスを感じているようです。

ストレスを感じると、前頭前野の働きが悪くなりがちで、発達にも影響があります。経済的に特に厳しい家庭では、ストレスが子どもに与える影響が強いことが知られています。

もう一つ、ストレス以外の影響として現在挙げられているのが、家庭での親子のやりとりです。これは、脳の中で外側前頭前野とネットワークを持つ腹側《ふくそく》視覚路という領域の関連に注目したものです。腹側視覚路とは、ごく単純に言えば、物体を認識するための脳領域です。物体の形などを処理します。

家庭に様々な物体があると、それらを認識するため、この領域の発達が促進されます。しかし、貧困の家庭では、本や玩具などが不足しているので、この領域の発達が問題を抱えやすいのです。

さらに、貧困の家庭では、物体そのものだけではなく、親子の会話や交流も少ないことが示されていて、物体認識を担う腹側視覚路の未発達が、前頭前野の未発達につながる可能性があるのです（文献2-12）。

どういうことでしょうか。家庭に様々な物体があると、たとえば、赤い本と赤いリンゴのように、お互いに似た物体が増え、ややこしいことが多くなります。赤い本と赤いリンゴを間違えてしまうなどの葛藤状況が生じます。子ども自身でそのような葛藤を解消できればいいのですが、幼い子どもはまだできません。

親子のやりとりが多い家庭であれば、親がそれらに指差しをしたり、発話をしたりすることによって、葛藤状況を解消することができます。第1章で述べたように、前頭前野の働きが二つの行動のどちらかを選択する際に役立つという点を思い出していただくと、ここで親のかかわりが前頭前野の働きの代わりになっていることが、おわかりいただけるかと思います。こういう経験を重ねていく中で、腹側視覚路と前頭前野を結ぶネットワークが発達していくのです。

一方、貧困の家庭では、物体処理自体が未発達のうえ、親子のやりとりも少ないので、腹側視覚路と前頭前野のネットワークも発達しない可能性があるのです。

このようにして、ストレスが多く、親子のやりとりが少ない貧困の家庭では、前頭前野が発達しにくくなるのです。前頭前野の働きという点から考えても、裕福ではない家庭で育つ子どもは「今を生きる」子どもになりやすく、裕福な家庭で育つ子どもは「未来に生きる」子どもになりやすい可能性が示されました。

■今を生きることは、環境への適応

ここまで、発達格差が生み出される要因として、他者への信頼や貧困などをみてきました。これはつまり、子どもが育つ環境が、実行機能や向社会的行動などの「将来を左右する可能性が高い」子どもの能力に影響を与えるということです。

実はここに、発達格差を扱ううえでの難しさがあります。なぜなら、発達格差を是正するために、実行機能や向社会的行動を改善しようとすることは、「今を生きる」子どもたちにとって、短期的にはマイナスの影響を与えかねないからです。

「今を生きる」子どもは、一見すると、「未来に向かう」子どもよりも望ましくないとみられがちです。しかし、子どもたちの貧困や周りの他者を信頼できない環境を考慮すると、

「今を生きる」ことは子どもたちにとって、非常に重要な選択だと考えられます。

また冒頭のA君の話に戻りましょう。A君にマシュマロテストをやってもらうと、目の前のマシュマロを食べるでしょう。実行機能の様々なテストに参加してもらうと、その成績はあまりよくないかもしれません。この子どもは「今を生きる」子どもです。

考えるべきことは、この子どもに、「未来に向かう」ことを求めるべきか、ということです。マシュマロテストで言えば、目の前のマシュマロを食べずに、15分後に二つのマシュマロを得ることを待つべきでしょうか、ということです。

我々生物にとって、最大の目的は遺伝子を次世代に残すことですが、それも、厳しい環境の中でも生き延びることでなされることです。この子どもにとって最優先されるべきことは、何よりも生きることです。栄養を摂取することです。この子どもに未来を考えさせることとは酷なことです。

つまり、栄養をとることが難しく、周りを十分に信頼できない子どもにとっては、目の前のマシュマロを選択することは、正しいことなのです。

■環境に適応する子どもたち

このような考えは、環境への適応という点から説明されます。拙著『おさなごころを科学

する 進化する乳幼児観』（新曜社）で詳しく述べていますが、20世紀以前は、赤ちゃんや子どもは、無力で無能な存在でした。親から世話をされないと何もできない、何も考えない存在だとされていました。

ところが、20世紀初頭に、発達心理学の偉大な先人であるジャン・ピアジェが登場し、子どもは自分で世界を探索する活動的な存在であると主張しました。現在ではピアジェの考えの多くは誤りであることが示されていますが、子どもが受け身の存在ではないことを主張した点は高く評価されています。

特に大事なのが、「同化」と「調節」という概念です。二つとも、子どもの考えと、子どもの周りの世界との関係についてのものです。

同化は、新しいものに出会ったときに、子どもが既存の知識や概念の中に取り入れることです。調節とは、新しいものに出会ったときに、子どもが既存の知識や概念の中に取り入れることができないため、自分の知識や概念を変更することです。

例として、子どもが「魚」という概念は知っていても、「コイ」という魚を知らないとします。あるとき、子どもは「コイ」も魚の中に含められることを知ります。この場合、子どもが既に知っている知識に、新しい対象を取り入れています。自分が知っていることに、世界を同化させるのです。

一方、子どもがイルカに初めて出会い、魚ではないことを知ったとします。水の中を泳ぐものをすべて魚だと思っていた場合、子どもは自分の考えを修正しなければなりません。世界に合わせて自分の考えを調節するのです。

このように、子どもは、同化と調節の両方によって、自分の考えを世界に適応させていきます。非常に柔軟な存在なのです。

ピアジェ以降、乳幼児には他者理解、物理法則の理解、算数の理解などの様々な能力があることが報告されるようになり、子どもは自分が住む環境をしっかり学習していることが明らかになってきています。

つまり、子どもは親や教師にお世話されるだけの存在ではなく、自ら周りの世界に溶け込もうとする存在であるのです。

そのため、周りの他者が信頼できなかったり、食べ物が少なかったりした場合に、「今を生きる」ように適応していくことになります。未来のことを考えるよりも、今を生きることが大事なのです。これは、学力格差や教育格差の議論でみられるような、貧困層にみられる意欲や希望の格差という点と関連するかもしれません。未来のことを考えられる環境にいないのですから。

逆に言うと、周りの他者が信頼でき、食べ物に困らない環境であれば、子どもは今のことだけではなく、未来のことを考えられるようになります。「未来に向かう」ためには、周りの環境が整っている必要があるのです。

■能力だけではなく環境も支援すべき

以上のことを考えると、今を生きる子どもを支援してよいのかという点が気になるかもしれません。

先に述べたとおり、今を生きる子どもは、今を生きるという選択をしているわけです。その選択が彼らの環境を考えると何よりも理にかなっており、彼らが厳しい環境を生き抜くためには正しい選択をしているのです。

そうすると、実行機能や向社会的行動を高めることによって、将来的には利益が得られるかもしれませんが、今を生きることが難しくなる可能性もあります。

このような懸念はもっともですが、やはり、子どもの能力を支援することは重要です。第8章で改めて触れたいと思いますが、現在しか考えられないのと、未来を向き、未来か現在かで悩めることは大きな違いです。

しかし、支援しなければならないのは、子どもの能力だけではありません。子どもが未来を選べる余裕を持つことができる環境の支援も必要です。他者を信頼でき、食べ物が不足しないような環境を設計しない限り、能力だけを鍛えても無意味なのです。

■発達格差を生む他の要因

格差の議論では、格差を生む主たる要因として、貧困などの経済的な要因に注目することがほとんどです。確かに、貧困や親の社会階層が子どもの学力や教育水準を決定し、再生産することはこれまで示されてきたとおりであり、貧困が強力な要因であることは間違いありません。

また、本書で述べている発達格差に関しても、これまで述べてきたとおり、貧困が影響を与えることは間違いありません。

それでは、貧困以外に、発達格差を生み出す要因はどのようなものがあるのでしょうか。先に、食べ物などの物質的な不足と、他者への基本的な信頼の欠如が、「今を生きる」子どもと「未来に向かう」子どもを分けるという考えを述べました。

この二つの要因が揃いやすいのが貧困ですが、それぞれの要因だけでも子どもに与える影響は強いと考えられます。

具体的には、物質的には不足していないが、他者を信頼できない場合にも、「今を生きる」子どもになる可能性はあります。事実、親が精神的な健康に問題を抱えるなどして親子関係が十分に形成できない場合に、子どもの実行機能や向社会的行動が十分に発達しないことが示されています。

同様に、裕福な家庭であっても、親が子どもを虐待したり、ネグレクトをしたりすると、子どもは他者を信頼することができず、実行機能や向社会的行動は十分に発達しません。経済的に裕福なことだけが重要なわけではないのです。

これ以外に本書で触れておきたいのが、性別格差です。

■性別格差は存在するか

ここまでの話を聞いてきて、不思議に思われた方もいるかもしれません。衝動的な行動と言えば、どちらかと言うと男児を思い浮かべるでしょう。

筆者の「強さと困難さのアンケート」でも、実行機能とかかわる多動・不注意も、向社会的行動も、いずれも男児よりも女児のほうが優れています。

女児では、ある程度でも支援が必要な子どもが、多動・不注意では12％、向社会的行動では45％だったのに対して、男児では、多動・不注意では20％、向社会的行動では54％といずれも高い数字が出ています。

このような傾向は、国内外の様々な調査でみられます。様々な研究のデータを総合的に分析したメタ分析という手法を用いた研究でも、全体的に女児よりも男児のほうが、実行機能や向社会的行動は低いことが示されています（文献2−13）。

このことから、男児は「今を生きる」子どもであり、女児は「未来に向かう」子どもだと言えるでしょうか。

もちろん、そのようなことは言えません。私たちの調査でも、性別差はありますが、そこまで大きな差とは言えません。

また、前頭前野の働きが性別によって異なるかを調べた私たちの別の研究では、一つ目の研究では脳活動の性別差がみられたのですが、異なった子どもを対象に同じ結果が得られるかを検討した二つ目の研究では、男女差はみられませんでした（文献2−14）。

世の中には、男性脳・女性脳などと言いたがる人がいますが、大人を対象にした研究でも結果は似たようなもので、私たちが思い込んでいるほど、女性と男性、女児と男児に違いはありません。

ただ、小さいながらも性別差があることを考えると、本来なら、大人になってからの健康状況や経済状態について、ほんの少し女性のほうが有利なはずです。ところが、実際には、特に経済状態や職業に関しては、全くそうではありません。本章の最後にこの点を考えてみたいと思います。

■性別に関する思い込み

2021年3月に世界経済フォーラムが公表した、性別による不平等さを表すジェンダー・ギャップランキングでは、我が国は156か国中120位で、先進国首脳会議(G7)に数えられる7か国の中でも圧倒的に最下位です。本当に残念な限りです。初等教育までは差がないものの、中等教育や高等教育、所得での格差は大きく、政治家、経営者、大学教員、専門職に占める女性の割合は、圧倒的に低いのが現状です。

このような差は、決して知的能力では説明ができません。様々な認知機能ではほとんど性別差が認められませんし、所得や職業と関連する実行機能や向社会的行動ではむしろ女性のほうがやや高いのは述べてきたとおりです。

PISA(OECD加盟国を中心として3年ごとに実施される、15歳を対象とした国際的な学習到達度テスト)などの国際比較調査では、確かに算数や数学では男児のほうが成績は良いことが示されています。しかし、それだけでは、やはり説明がつかないように感じています。

ただし、知的能力についての思い込みには性差があるかもしれません。読者の方は、天才と言えば誰が思い浮かぶでしょうか。スポーツですと、野球のイチロー選手とか、フィギュアスケートの浅田真央選手が思い浮かぶかもしれませんが、ここでは知的能力に限定してください。

誰が思いつくでしょう。ノーベル賞ということになると、iPS細胞の山中伸弥教授が思いつくかもしれませんし、少し古いと、デカルトやアリストテレスが思い浮かぶ人もいるでしょう。

いずれにしても、知的能力という意味での天才という言葉を聞いて、まず思いつくのは、男性ではないでしょうか。

しかし、このことは、男性の能力が高いということを意味しません。アリストテレスやデカルトの時代は言うに及ばず、ごく最近までは、科学や哲学の分野に女性が進むのは難しい空気がありました。男性社会であったわけです。

そのため、学問上の業績を挙げている人が男性ばかりであることは不思議ではありません。繰り返しになりますが、能力ではなく、社会の空気の影響が大きいと思われます。

■女児は未来を制限されている

こういった思い込みは、親や教師のかかわりによって、子どもの認識にも影響を与えます。未《いま》だに「女の子は勉強なんてせず早く嫁に行け」などと言う家庭もあります。同様の趣旨を発言する政治家もいるくらいです。

京都府向日《むこう》市の調査によれば、自分の子どもを「女らしく」「男らしく」育てたいと考える18歳以上の方は、6割を超えます（文献2-15）。この傾向は特に男性に強いようです。ここでの「らしさ」が何を指すかは不明ですが、親が自分の価値観を押し付けていることは間違いなさそうです。

この点に関して、数年前に、衝撃的な研究がアメリカの『サイエンス』誌に発表されました（文献2-16）。この研究では、5～7歳の子どもに、女性と男性の写真を用いて、「賢い」「いい人」という言葉が女性と男性のどちらに当てはまるかが問われました。その結果、5歳では、どちらの言葉も、女性にも男性にも同じように当てはまると回答したのに対して、6歳や7歳の子どもは、「女性＝いい人」「男性＝賢い」と答えるようになったのです。

この研究では、さらに、あるゲームのことを、非常に難しくて賢い子どもしか解けないと説明した後に、そのゲームに興味があるかを尋ねました。その結果、5歳時点では、男児も女児も興味に違いがなかったのに対して、6歳頃から、男児は強い興味を示すのに対して、女児は興味がないと答えるようになりました。

私たちは、この研究を日本でも行ってみました。まず、日本の4～7歳児を対象に、オリジナルの研究と同様に、女性と男性の写真を用いて、「賢い」「いい人」という言葉が男性と女性に当てはまるかを問いました（文献2−17）。その結果、アメリカの結果とは異なり、女児は「賢い」も「いい人」もどちらも女性に当てはめました。

用いた写真の女性が賢くみえた可能性も考えられたので、次の研究では棒人間（トイレのマーク）を使って同じことをやってみました。そうすると、日本の子どもは、4歳頃から「女性＝いい人」と考え、7歳頃から「男性＝賢い」という考えを示しました。あまり結果が一貫していませんが、日本でも賢さについてのジェンダーステレオタイプが幼児期から児童期くらいに認められるようです。

こうした性別に関する思い込みの研究にも様々な問題点が指摘されているので、慎重に考える必要はあります。ですが、女児が「賢さ」が必要とされる職業を目指す人生を選びにくくなる可能性は否定できません。未来に向かう力があっても、その未来が制限されてしまっては元も子もありません。

まとめ

第2章では、発達格差が生まれる要因とそれが意味するものについて考えてきました。発達格差が生み出される要因として、周りの他者への信頼や、貧困などが挙げられそうです。

そして、子どもは、決して受け身なのではなく、積極的に周りの環境とかかわる中で、「今を生きる」ことや「未来に向かう」ことを選んでいると思われます。

最後に、女児が未来の選択肢を奪われている可能性についても指摘しました。

ただし、第2章までは、子ども期と大人になってからを結び付けただけです。第3章では、その間の発達の道筋について考えてみたいと思います。

第3章

発達の道筋——青年期の重要性

ここまでで、実行機能や向社会的行動の研究結果から、「今を生きる」子どもと「未来に向かう」子どもに分かれ、その間に格差があり、それぞれの環境からそのような道を選んでいる可能性を指摘しました。

ですが、第1章や第2章では、子どものときの発達格差と、大人になってからの健康状態や経済状態をつないだだけです。これは言うなれば、入り口に近い時期と出口を結び付けたにすぎません。これだけではいろいろな疑問が浮かんできます。子どものときの格差はそのまま成人期につながるのだろうか。子ども期ですべて決まってしまうのだろうか。

第3章では、この間の時期である青年期に焦点を当て、子ども期、青年期、成人期を結び付けることの重要性について説明をしたいと思います。

■大事なのは発達の道筋

第1章や第2章でみたように、我が国においても、子どものときの発達格差はみられそうです。しかし、ここまで述べてきたのは、子どものときの格差にすぎません。子どものときの格差は、そのまま大人になったときの格差につながるのでしょうか。

ここで、本書で訴えたいもう一つの重要な点を紹介したいと思います。それは、子どもの発達の道筋についてです。「はじめに」で触れたように、学力格差や教育格差に関する議論では、生まれなどの入り口と、学力や学歴などの出口のみを扱うものが少なくありません。ですが、私は、入り口と出口をつなぐ道筋こそが大事だと考えています。子どもは、幼児や小学生からいきなり大人になるわけではありません。その間には、青年期という非常に大事な時期があります。

小学校のときに成績優秀で学級委員をやっていたような子が、中学校や高校でも成績が良く、生徒会長にもなって、そのまま一流と言われる企業で働くことはもちろん多々あるでしょう。

しかし、このことに当てはまらない例もまた多数あると思います。小学校のときに成績優秀だった子どもが、中学校や高校に入ったとたんに不良グループと付き合い出して、荒れ出し、学校を中退することもあります。

逆に、小学校の頃はあまりぱっとしなかった子どもが、中学校や高校で急に輝き出し、医師や弁護士になるということもあるかもしれません。

青年期という時期は、良くも悪くも不安定な時期だとされます。この時期が、ある子どもにとって有利に働くこともあれば、不利に働くこともあるでしょう。子ども期から青年期、そして成人期という、発達の道筋をみることが重要なのです。

■青年期を考える

このことを、ダニーデンの研究を例としてみていきましょう。

第1章でも触れたように、子ども期に、実行機能の格差があり、「今を生きる」子どもたちと「未来に向かう」子どもたちがいます。子ども期は、入り口に近い時期とみなすことができるでしょう。これらの子どもたちにおいて、32歳の時点での健康状態や経済状態に格差が生まれます。これが出口に近い時期だとしましょう。

この間の道筋が大事になってきます。特に大事なのが、青年期です。中学生から高校生の間に、性ホルモンの影響で脳と身体に大きな変化が生じます。その結果として、この時期には自分にとって価値のあるものを得たいという気持ちが強くなり、衝動的な行動をとりやすくなります。たとえば盗みに走ったり、他人をけがさせたり、タバコやドラッグに手を出したりする可能性が高まるのです。望まない妊娠をするケースも出てきます。

青年期に犯罪を行ったり、望まない妊娠をしたりすると、将来の選択肢は狭まってしまいます。事実、ダニーデンの研究では、全体的に実行機能が弱まるこの時期に衝動的な行動をとる人たちとそうではない人たちを分けて分析すると、後者の人たちのほうが32歳時点での健康状態や経済状態で良い結果になることを示しています（文献3-1）。つまり、青年期という中間点と、32歳という出口に近い時期の間に強い関係があるのです。

また、入り口に近い子ども期と中間点である青年期の間にも関係がみられます。子どものときの実行機能の発達格差が、青年期における衝動的な行動の格差に反映されます。たとえば、実行機能が最も高いグループの子どもは、15歳の時点で20%程度しかタバコを吸い始めないのに対して、実行機能が最も低いグループの子どもは、50%程度もタバコを吸い始めてしまいます。

同様に、実行機能が最も高いグループの子どもは、卒業せずに学校を中退するのは10%以下だったのに対して、最も低いグループの子どもは40%を超えてしまいます。

これらの結果から、子どものときの実行機能の発達格差があり、それが中間地点としての青年期の行動の発達格差につながり、その格差が出口としての32歳のときの健康状態や経済状態の格差となることが示されています。

言い換えると、「今を生きる」子どもたちは、青年期においても今を選びがちであり、そのまま大人になってしまう可能性がある。一方で、「未来に向かう」子どもたちは、青年期においてもその場の楽しみに惑わされずに、未来を志向し、そのまま大人になる、という発達経路がみえてきます。

■双子の研究

ダニーデンの研究だけでは心もとないので、子ども期と青年期をつなぐ、もう一つ興味深いイギリスの研究を紹介しましょう。この研究は、イギリスの双子を対象にした研究です。この研究では二卵性の双子を対象にしています（文献1-1）。

二卵性の双子の場合、遺伝的な類似性はきょうだいと同じ程度です。そのため、一方の実行機能が高く、一方の実行機能が低いということがよくあります。また、家庭環境は同じであるため、家庭の社会階層の影響も考慮する必要がありません。

ダニーデンの研究とは異なり、この研究は、12歳までしか追跡できなかったので、5歳のときに測定した実行機能が、その子どもたちの12歳時点での様々な行動と関連するかが調べられました。

ここで興味深いのが、双子の実行機能を比較した点です。双子なので実行機能も似通ったものだと思いがちですが、違いがみられるようです。本書の視点からすると、双子を、一方を「今を生きる」傾向が強い子ども、もう一方を「未来に向かう」傾向が強い子どもとみなすことができます。

これらの双子はどのような発達経路をたどったでしょうか。結果は、ダニーデンの研究と一致しました。「今を生きる」傾向が強い子どもは、「未来に向かう」傾向が強い子どもと比べて、12歳時点でタバコを吸い始めやすく、学力が低く、窃盗や暴行などの反社会行動を行いやすかったのです。

さらに、学校の先生からみた場合に、「今を生きる」傾向が強い子どもは対処にエネルギーを費やすと評価されました。問題児としてみられやすいということです。

つまり、双子間でも発達格差がみられるということになります。これは驚きです。

■脳の発達経路も異なる

また、アメリカの研究から、脳の発達経路が、家庭の経済状態によって異なる可能性が示されています。この研究では、複数の大学が協力して、1000人を超える子どもの脳の形態をMRI（磁気共鳴画像診断）装置によって撮像し、年齢と家庭の経済状態が、脳の形態の発達にどのような影響があるかを調べています（文献3-2）。

MRI装置を用いた研究では脳の様々な特徴を調べることができますが、ここでは、皮質の厚さに注目した分析を紹介しましょう。ここでの皮質の厚さとは、脳の表面にある大脳皮質の厚さのことを指します。

皮質の厚さは、幼い頃に一時的に厚みを増した後に、長い時間をかけて、遺伝的な影響と経験の影響を受けて、薄くなっていきます。薄くなると言うと何か悪いことが起きているような気になりますが、皮質が厚い状態はどちらかと言うと脳のネットワークがごちゃごちゃしている状態で効率が悪く、薄くなることによって機能的で効率的な脳のネットワークになります。

脳の領域によって薄くなり始めるタイミングは異なりますが、ここでは全体的に薄くなり始めている子どもが対象だと思っていただければと思います。

この研究では、家庭の年収が、高い、中程度、低い、に分けて分析をしました。その結果、グループによって、皮質の厚さの発達過程が異なることが示されています。

興味深いのは、家庭の年収が低いグループでは、発達が速いということです。つまり、早い時期から皮質が薄くなり、そのスピードも速く、18歳頃には発達が終わり、平らになります。

一方、家庭の年収が高いグループでは、発達がゆっくりという結果が得られました。年収が低いグループよりも、皮質が薄くなるスピードがゆっくりで、20歳前後になってもまだ平らになっていません。この傾向は読解にかかわる領域で特に強いようです。

これは、厳しい状況下にいる子どものほうが、脳が早く大人になろうとしていることを示しています。逆に、豊かな環境にいる子どもは、ゆっくり成長できるということになります。同様のことは、性成熟でも言われており、厳しい環境下だからこそ、早く大人になって、子孫を残すように身体と心が変化するのかもしれません。第2章でみた、適応の一種と言えるでしょう。

ただし、ここでみた貧困と脳の関係は、それほど強いものではないことも指摘しておきたいと思います。それは次の話につながる部分です。

■発達は確率的なもの

ここまでみてきた事例から考えると、まるで子どもの頃にすべてが決まってしまうかのように思えるかもしれません。「今を生きる」子どもは、「今を生きる」青年になり、「今を生きる」大人になる。一方で、「未来に向かう」子どもは、「未来に向かう」青年になり、「未来に向かう」大人になる。

しかしながら、このような決定論的な見方は誤りです。あくまで全体的な傾向にすぎないのです。たとえば、ある子どもが「今を生きる」子どもである場合に、健康状態や経済状態が不利である可能性は、「未来に向かう」子どもであるよりも高いものの、必ずそうなるものではないということです。

なぜか。それは子どもの発達というものが、様々な要因によって影響を受ける、確率的なものであるからです。

私たちの人生は非常に確率的なものです。たとえば、先に述べたとおり、「未来に向かう」子どもであっても、不良グループと付き合うようになれば、とたんに「今を生きる」青年になってしまいます。どのような学校に行くのか、どのような出会いがあるのか、ある程度は予測できるものの、そこでの出会いはやはり確率的なものです。

逆に、「今を生きる」子どもが、中学校で非常に熱心な先生に出会うことで、急に勉強に取り組み、生活習慣を改めることで、「未来に向かう」青年になることもあるでしょう。こちらも、担任の先生が誰になるかなどは子ども自身が選ぶことはできないわけですから、非常に確率的なものです。

■発達の生態学的理論

このことをもう少し一般化してみましょう。発達心理学の領域では、ユリー・ブロンフェンブレンナーという研究者が理論化しています（文献3-3）。彼の理論では、子どもとそれを取り巻く環境との相互作用に子どもの発達が影響を受けると考えます。

この理論では、子どもを中心として、その周りをいくつかのレベルのシステムが囲んでいると考えます。まず、子どもに一番近いのは、直接的に子どもが接する環境で、親を含めた家庭であり、保育園や幼稚園であり、居住する地域です。

これらが子どもに影響を与えるのは当然です。子育ての仕方、保育園や幼稚園での先生や友達とのやりとり、地域の雰囲気などに子どもは大きな影響を受けます。

ですが、子どもに影響を与えるのは、これらとの直接的な関係だけではありません。たとえば、保育園と家庭の間の関係性も子どもに影響を与えます。保育園で親と保育士が相談しながら、子どもの発達を支えることもあるでしょう。地域の取り組みに親が参加する様子をみることで、子どもが感じることもあるかもしれません。

さらに言えば、親の職場やきょうだいの学校、より大きなものとして文化の影響など、様々なものが複雑に相互作用をすることで子どもの発達が影響を受けるのです。

どれ一つとっても、確率的なものです。子育ての仕方は親の気分にも影響を受けるでしょうし、隣の家に誰が住むのか、そこの家族とどういう関係を築くのか、予測できるものではありません。

以上のことを考慮しても、子どもの発達格差がそのまま大人になるまで影響力を必ずしも持ち続けるわけではありません。その可能性は決して低くないですが、そうではない可能性もあるのです。

■発達の道筋は変わりうる

実例をみていきましょう。ダニーデンの研究の中で、このことが報告されています（文献1-1）。先述のように、子どもの実行機能はその成績順に五つのグループに分けられました。この子どもたちが大人になったときに、改めて実行機能を測定すると、グループとしては、子どものときの結果と類似していました。

つまり、子どものときに一番高いグループは、大人になったときにも一番高いグループであり、子どものときに一番低いグループは、大人になっても一番低いグループです。

ここまでは、「今を生きる」子どもは大人になっても今を生き、「未来を生きる」子どもは大人になっても未来を志向する可能性が高いことを示しています。

ですが、中には、一番低いグループだった子どもが、大人になって平均より高い実行機能を示すこともありました。

一方、逆の移動もあります。ある子どもは、子どものときに一番実行機能が高いグループでしたが、大人になったときに平均より低い実行機能を示しました。

このような変化は、実行機能の特徴の一つです。全員ではありませんが、変化する子どもの数は少なくありません。一方、知能指数（ＩＱ）では、こういった変化はほとんどありません。子どもの頃に知能指数が高い子どもは、概ね大人になっても知能指数が高いのです。

そして、実行機能が高いほうのグループに移動した子どもは、大人になったときの経済状態は良く、依存症になりにくく、犯罪をすることも少なかったのです。逆に、低いほうのグループに移動した子どもは、これらの側面で不利でした。

つまり、「今を生きる」子どもが、青年期から成人期にかけて、「未来に向かう」グループに入ったのです。その子どもたちは、大人になってから、健康状態や経済状態で有利になりました。

どういう子どもが変化したのか、なぜ変化したのかについては明らかではありません。また、この研究はあくまで子どもの発達を追跡しただけなので、子どもの実行機能を変化させたことで、大人になったときの健康状態や経済状態が良くなったという因果関係が明らかになったわけではありません。

しかし、実行機能が変わりうること、実行機能が変わると大人になったときの社会生活も変わりうることを示しており、子どもたちの支援や教育に勇気を与えてくれる結果です。

このことは、入り口と出口だけではなく、中間地点を含めた発達経路をみることの大事さを教えてくれます。子どもの時期や幼児教育も重要ですが、それがすべてではないのです。

■向社会的行動も変化する

同様のことは、向社会的行動の発達にも当てはまります。以前は、向社会的行動の発達は、生涯を通じて一貫性が高いと考えられていました。子どもの頃に向社会的な子どもは大人になっても向社会的であり、子どもの頃に向社会的ではない子どもは、大人になると利己的もしくは反社会的になるというデータもあります。

ですが、最近の研究では、一部の子どもにおいて、向社会的行動は生涯を通じて変わりうることを示しています。

向社会的行動は、青年期にかけて、一時的に低下することが指摘されています（第6章参照）。この時期に、子どもたちの発達の軌跡がいくつかのパターンに分かれます。

８００人の子どもを小学校1年生から高校3年生まで縦断的に追跡したアメリカの研究では、子どもの向社会的行動の発達パターンが四つに分かれることが報告されています（文献3-4）。

一つは、小学校1年生の時点で高くて、そのまま高さを維持するグループ。このグループが約50％を占めます。二つ目は、小学校1年生の時点で低くて、そのまま低さを維持するグループ。こちらが約10％です。この二つは、子どもの頃の向社会的行動がそのまま青年期から大人まで維持されるグループだと考えられます。これが約60％を占めます。

ところが、中には、道筋を変化させる子どもたちもいます。一つは、小学校1年生のときに高いのに、青年期に低下させるグループ。こちらが約15％です。そして最後は、小学校1年生の時点では、中くらいなのに、発達とともに向社会的行動を増やすグループです。このグループが約20％です。

この結果をみると、4割程度の子どもが、向社会的行動を良くも悪くも変化させるようです。半数近くは変わりうるのです。

ここでは、柔軟な性格の持ち主や、教師と温かい関係を築くことができる子どもは、向社会的行動を増やすことができることが報告されています。

■格差は広がりうる

ダニーデンの研究やこのアメリカの研究は勇気を与えてくれる結果ですが、一方で、発達格差が広がっていくことを示す研究もあります。少し極端な例ですが、ルーマニアの孤児の研究について紹介しましょう。

ルーマニアでは、ニコラエ・チャウシェスク大統領という独裁者の時代に、人工中絶を禁止し、多産を極端に奨励した結果として、大量の子どもが施設に預けられる事態が生じました。

第4章でも述べますが、幼い子どもにとって、責任ある大人からの温かい接触は極めて重要です。もちろん親が子どもの世話をできればいいのですが、事情によって親が世話をできない場合もあります。そういう場合でも、職員の方がしっかりと世話をすれば、多くの場合問題はありません。

ただ、ルーマニアが不幸だったのは、職員一人当たりの子どもの数が多すぎるため、しっかりとした世話が難しかった点です。結果として、ネグレクトのような状態になってしまいました。

幼い子どもと大人との関係は、子どもの発達の様々な側面で重要です。認知・社会・感情・神経等々、様々な側面の発達の基盤となります。その基盤がしっかりとしていないルーマニアの施設の子どもたちは、実行機能の発達にも大きな影響を受けてしまいました。

ある研究では、子どもの実行機能を、施設にずっといた子ども、生後数年で里親に引き取られた子ども、そして、対照群として、生まれたときから親元で育てられた子どもの三つのグループで比較しました（文献3-5）。

その結果、8歳時点において、実行機能の成績には大きな違いがみられました。親元で育てられた子どものグループは圧倒的に成績が良く、他の二つのグループと大きな違いを示しました。また、里親に育てられた子どもは、施設にずっといた子どもよりも、幾分良いことも示されました。

さらに、その4年後の結果が衝撃的です。親元で育てられた子どものグループと、他の二つのグループの発達のスピードが全く異なるのです。特に、里親に育てられた子どもも、施設にずっといた子どもも、12歳時点での実行機能の成績は、親元で育った子どもの8歳時点と変わりませんでした。

結果として、8歳時点の差よりも、12歳時点の差のほうが大きくなってしまいました。格差が広がってしまったのです。

■支援はなぜ大事なのか

これまで、子どもから青年期を経て、大人に至る発達の道筋についてみてきました。これらの結果をまとめると、以下のようなことが言えそうです。

グループとしてみた場合、発達格差は成長とともに維持されるか、広がっていく可能性が高い。「今を生きる」子どもは青年期になっても今を生きる傾向があり、その傾向は強まる可能性すらある。逆に、「未来に向かう」子どもは、青年期になっても未来に向かう傾向がある。

ところが、その中でグループを飛び越える子どもたちも少なからずいる。「今を生きる」子どもだったのが、様々な出会いや環境的要因に影響を受けることで、「未来に向かう」青年や大人になる可能性がある。そうなった人たちは、健康状態や経済状態で有利になる可能性がある。

この結果から、なぜ子どもたちの支援が大事であるかがみてとれると思います。第2章や第8章で触れるように、子どもの支援は決して容易なことではありませんが、もし子どもたちを支援しなかったら、発達格差は維持されるか、広がっていってしまうのです。

生まれつきの社会階層や親子関係によって、「今を生きる」子どもになり、周りからの適切な支援を受けられない場合、この傾向が維持され、大人になってからも健康的・経済的に不利になる可能性が高いのです。

一方で、支援を適切に行うことができれば、「今を生きる」子どもが未来に向かう可能性を高められるかもしれません。子どもの発達の道筋は、変わりうるのです。

まとめ

第3章では、子どものときと大人になってからだけではなく、その間の発達の軌跡をみることの重要性を指摘しました。具体的には、青年期をみることによって、発達経路が明らかになることを様々な例を基に紹介しました。

「今を生きる」子どもがそのまま「今を生きる」大人になる可能性が高いことは否定できないものの、これはあくまで確率的なものであり、決定的ではありません。実行機能の研究でも、向社会的行動の研究でも、良い方向に、もしくは、悪い方向に変化する子どもが少なくないことを示しています。

第1部では発達格差を紹介しましたが、次の第2部では、そもそも実行機能や向社会的行動がどのような能力であり、どのように発達するのか、その基盤にある親子関係はどのようなものであるかについて説明していきます。

第2部

未来に向かうための力

第4章 非認知能力を批判的に整理する

第1部では、子どもにみられる発達格差の実態について紹介してきました。そこでは、子どもが、「今を生きる」子どもと「未来に向かう」子どもに分かれてきている実態について説明してきました。

子どもたちを分ける能力として、実行機能や向社会的行動があり、その根元にあるのが、他者に対する信頼であることを述べてきました。

第2部では、これらの力がどのようなものであり、どのように発達するかについての基礎的な研究について紹介していきたいと思います。

基本的なモデルとしては、乳児期の養育者と子どもの関係を基に他者に対する信頼が築かれ、そこから実行機能と向社会的行動が発達していくというものです。

本章ではまず、教育現場や子育てなどでしばしば耳にするようになり、様々な誤解を生むようになった「非認知能力」を紹介した後に、他者に対する信頼の発達過程を紹介します。

■賢さの限界

子どもの将来に影響するものとして、賢さや頭の良さ、つまり、知能がよく挙げられます。知能は、知能指数（ＩＱ）などとして有名ですが、具体的には、記憶力や情報処理能力、推論能力などを指します。

どれだけ情報を覚えられるか、どれだけ速く問題が解けるのか、与えられた情報からどれだけ推論ができるのか。クイズ番組でも、知能指数の高さを売りにしたタレントが難しい問題にチャレンジしています。それだけ、知能指数というものは一般に浸透し、視聴者の関心を引きつけるということでしょう。

学力は言うに及ばず、仕事や学校生活においても知能は重要な役割を果たしています。知能指数が高い人は速く問題や課題をこなせるわけですから、テストの点も高く、多くの仕事を捌《さば》くことができます。

ホモ・サピエンスが「賢い人」を意味することからも、賢さや頭の良さは、人間を特徴づけられると考えられてきました。

ところが、令和に入った現代では、人間らしさとは何かという疑問が改めて突きつけられています。とりわけ、深層学習（ディープラーニング）の発展を契機としたいわゆる第3次人工知能（ＡＩ）ブームによって、人間より「賢い」と思われるような人工知能が次々と登場しました。人間より多くの情報を記憶し、人間より速く問題を解決し、人間より速く正確な推論をする人工知能。

将棋や囲碁でプロの棋士を打ち破り、医者よりも正確な診断をし、学力もいくつかの大学には合格する。そういった人工知能が登場してきました。

少なくとも知能の一部において、人工知能は人間を凌《しの》いでいると言えるでしょう。このような世界の中で、子どもの知能指数だけを考えることに、どれだけの意味があるのか。そういった世界的な流れがあると思われます。

■注目が進む非認知能力

このような中で、子どもにかかわる教育学や経済学では、次世代を担う子どものどのような力を育むべきかが議論されており、そこで注目されているのが、「非認知能力」です。非認知能力とされるものの中で筆者が重視しているのは、「自分や他者と折り合いをつけるためのスキル」です（理由は後述）。

非認知能力が脚光を浴びることとなった、「ペリー就学前プロジェクト」というアメリカの幼児教育に関するプロジェクトがあります（文献4-1）。このプロジェクトでは、低所得家庭で育った子どもが幼児教育を受けることで、幼児教育を受けなかった子どもよりも、後の学校の出席率が高く、学業成績が良く、成人後の年収や健康などで優れた結果を出すことが示されました。

大事な点として、プログラムを施した直後は、幼児教育を受けた子どもの知能指数は、受けていない子どもよりも高かったのですが、10歳頃には知能指数の差はみられなくなったことが挙げられます。

つまり、幼児教育は知能指数に対してはあまり効果がなかったのですが、知能指数以外の能力——忍耐力、意欲、自制心などに影響を与えたと考えられ、それらは「非認知能力」と呼ばれるようになったのです。

「非認知能力」は、学術界のみならず、OECD（経済開発協力機構）などの国際機関や教育現場などでも注目を集めています。幼稚園や保育園は「非認知を育む教育・保育」を謳《うた》い、子育て講座では「今大注目の非認知能力を育む子育て方法」の講座が開かれています。

■非認知狂騒曲

ですが、社会的注目が過熱気味になる一方で、筆者の視点からすると、このような現状には、大きく三つの問題点があります。

第一に、非認知能力が何を指すかがわからないことです。世の中には、「非認知能力を高める教育方法」を売り込む人が驚くほどたくさんいますが、その人たちに、「非認知能力とは何ですか？」と尋ねても、一貫した答えは返ってきません。「非認知能力」は、使う人によって内容が異なる、非常に曖昧なものです。

「非認知能力」という表現を始めた経済学では、その定義は知能以外のすべての能力を指しています。教育現場でもこのような傾向がみられます。

非認知能力と言ったときに、ある人は社交性のようなもののことを指し、別の人は自尊心のようなものを指しているという現状があります。それならば、社交性や自尊心などの言葉を使えばいいものを、流行《はや》りの言葉だからなのか、非認知という言葉で表現している現状があります。

第二に、非認知能力が大事だと言ったときに、それを支持するデータが驚くほど少ないことです。「非認知能力を高める教育方法」を売り込む人たちに、「その教育方法の有効性を支持するデータがありますか？」と尋ねると、「非認知能力はテストのように調べることはできないので……」などと答えます。

これはおかしな話です。非認知能力を高めると言っておきながら、実際には、非認知能力は調べられないことになります。どうやってその教育方法が非認知能力を高めたと言えるのでしょうか。もう少し突っ込むと、「子どもの様子をみればわかります」などと言う人もいますが、どのような子どもの様子をみればわかるかを問うと、返事がありません。

第三に、仮にデータがあっても、なぜある教育方法や子育てが非認知能力を高めるのか、その説明ができないことです。「非認知能力を高める教育方法」を売り込む人たちに、「その教育方法はなぜ有効なのですか？」と尋ねると、胡散臭《うさんくさ》い言葉を使って説明してきます。

このように、非認知能力は、現在において、疑似科学になりかけているように思います。この現状を非常に憂慮しています。

■心理学と非認知

非認知能力をめぐる難しさは、学術界と教育現場やビジネス現場の乖離《かいり》だけではなく、学術界の中でも乖離がみられます。

非認知能力という言葉を好んで使う経済学や教育学とは対照的に、心理学では、「非認知」という言葉に大きな抵抗があります。「非認知能力」に含まれるものの中に、心理学が培ってきた「認知」を基礎とする能力が多数含まれており、それを「非」認知と表すことは理論的におかしいためです。

詳細は省きますが、20世紀半ばから心理学は、「認知心理学」という領域を発展させてきたため、その「認知」が正しく使われていないという点に大きな懸念があるのです。

この現状は非常に悩ましいところですが、社会や教育現場では、非認知能力という言葉は広く使われるようになりつつあります。教育現場はもちろんのこと、テレビやインターネットなどのメディアで非認知能力という言葉がたびたび登場することもあり、子育てをしている保護者の中にも浸透しつつあります。

心理学者はこのような現状を批判しますが、その言葉は社会や教育現場に届きづらい状況があるように思います。これでは分断が進むばかりです。

筆者は心理学者ですが、一般向けの講演などでは非認知という言葉を使うこともあります。前著『自分をコントロールする力　非認知スキルの心理学』（講談社現代新書）でも、非認知という言葉を使いました。

このような筆者に対して、身内である心理学者から、直接的・間接的に様々なお叱りが寄せられました。そのお叱りももっともですが、社会や教育現場に言葉を届けるためには、まずは現状を理解したうえで、こちらの立場から意見することが大事なのではないかと思っています。社会や教育現場を無視したうえでの発言は無意味だと考えています。

ここ数年で社会や教育現場との接点をうまくみつけられないかと試行錯誤をしており、その中で、非認知能力の整理を行ってきました。以下でその点を説明したいと思います。

■非認知能力を整理する

OECDが、2015年の報告書の中で非認知能力を整理しているので、それをまず簡単に紹介しましょう（文献4-2）。

その際に、いくつかの点が考慮されています。まず、測定できる能力であるかどうかという点です。そもそも測定できないのでは話になりません。知能指数ほど厳密に測定することはできなくても、心理学では様々な課題や質問紙で、子どもや成人の能力を測定してきた歴史があります。個人で開発したものなど胡散臭いものもあるのですが、心理学で用いられてきたものであれば、ある程度信頼できます。

次に、その能力が変化するかどうかという点です。測定できたものであっても、教育や支援で変わらないものであれば、能力とは呼びにくいですし、子どもたちの支援にもつながりません。

最後に、非認知能力の中でも、後の学力や友人関係など、子どもの未来と関連するものが注目されています。どれだけ教育や支援で変化しても、子どもの未来に貢献しないものは除外されています。

このような特徴を持った、子ども個人が持つ資質が、「社会情緒的スキル」と呼ばれています。社会情緒的スキルには、「目標の達成」「他者との協働」「感情を管理する能力」の三つの側面があり、これらに関する思考、感情、行動のパターンとされています。

それぞれをみていきましょう。まずは、「目標の達成」です。これはまさに、未来に向かうための中核となる能力です。目的を達成するためのスキルとして、自制心（実行機能）、忍耐力、目的への熱意が挙げられています。自制心は次章で詳しく紹介しますが、忍耐力はグリット（やり抜く力）と呼ばれるようなもの、目的への熱意は動機づけのようなものを含みます。

二つ目の「他者との協働」は、社交性、敬意、思いやりです。私たち人間が社会的動物であることもあり、他者とうまく付き合っていくために重要なスキルということです。思いやりは第6章の向社会的行動のところで詳しく説明します。

最後に、「感情を管理する能力」には、自尊心、楽観、自信、などが含まれています。我が国でも一時期、教育現場でうるさいくらい聞かれていた自尊心も、ここに含まれています。

これらは、世界各国の調査報告が根拠となっています。これらのスキルを持っていると、心理的・身体的な健康が良かったり、失業することが少なかったりすることが示されています。我が国のデータは含まれていないので注意が必要ですが、ある程度は信頼してよいと考えています。

■OECDの報告書の問題点

筆者も教育関係者向けの講演でOECDのこのような整理を紹介することもありますし、この内容を用いて講演する人をよくみかけますが、いくつか注意点があります。ここでは二つ紹介しましょう。

一つは、このデータが、主に中高生もしくは大学生を対象としたものであるということです。つまり、中高生や大学生の時期に先述のようなスキルを持っていると、成人以降にある程度有利であるということになります。

言い換えると、ＯＥＣＤの２０１５年のモデルは、幼児や児童には必ずしも当てはまらないということになります。確かに、一部のスキル（敬意など）は、幼児ではそれほど必要とされないようにも思えます。

もう一つの問題点は、ここで挙げられているスキルが、ただの寄せ集めにすぎないということです。自制心と忍耐力は何となく関係しそうですが、それと目的への熱意がどのように関係するのか、また、敬意や自尊心などとどう関係するのか、よくわかりません。

ＯＥＣＤは幼児などの小さな子どもを対象としたモデルも提示していますが、そこでも同じ問題点があります。つまり、社会情緒的スキルとして、データに基づいて整理したことには重要な意味があるものの、結局全体としてどういうものであるのか、理論的なまとまりがないということです。

■国立教育政策研究所のプロジェクト研究

そこで、筆者は、2015年度から、文部科学省国立教育政策研究所のプロジェクト研究「非認知的（社会情緒的）能力の発達と科学的検討手法についての研究」に参画し、非認知能力についての知見を集め、整理してきました（文献4-3）。

研究代表者である東京大学の遠藤利彦教授を中心に、多くの心理学の研究者・大学院生が参加し、乳児期、幼児期、児童・青年期に分かれて、過去の学術研究を精査したのです。

大本として、OECDの報告書をスタート地点として、筆者の専門は幼児期であることから、筆者を含めた研究グループは幼児を中心にした整理を行いました。

その中で、性格のようなものから本当に測定できそうにないものまで、本当に様々な能力が非認知能力に含まれているという印象を持ちました。

これらを整理するにあたって、まず、OECDの報告書と同じように、測定できるか、教育や支援で変わるか、子どもの将来とかかわるかという基準でスキルを選定しました。

少し異なるのは、このプロジェクトでは、「教育や支援で変わるか」という部分について、比較的変わりにくいものと、比較的変わりやすいものというふうに、濃淡をつけて整理した点です。やはり性格のような要素は変わりにくいものの、それはある意味において、自分の行動の中核的な部分を担うものであり、個々のスキルのような要素は、比較的身につけやすく、また、変化しやすいだろうという考えがあります。

また、プロジェクト全体として、「自己」「他者」「自他関係」という軸を導入しました。OECDの社会情緒的スキルに含まれているものも、筆者らのグループが整理する中で目にしたスキルも、いずれも、自分自身もしくは他者にかかわるようなスキルであるという印象を持ったからです。完全に切り分けることは難しいものの、一定の目安として有効でした。

最後に、これは筆者の独自な視点だったのですが、脳の働きと関連が明確なスキルかどうかという点も考慮しました。脳の働きと関連するということで、生物学的な実態を持つことになります。非認知能力は、その概念自体から問い直す必要があったので、生物学的な基盤を有するということは非常に大事なことだと考えました。

■自分や他者と折り合いをつける力

これらの結果として、まず、筆者なりの言葉で表現するならば、子どもの将来に大事なスキルは「自分もしくは他者と折り合いをつける力」として総称が可能なものとなりました。

ここで強調したいのは、「自分や他者とうまくやっていくこと」は必ずしも必要ではないということです。自分や他者とうまくやり続けることは、実際の世界では必ずしも容易なこ

図4-1　「自分や他者と折り合いをつける力」のモデル

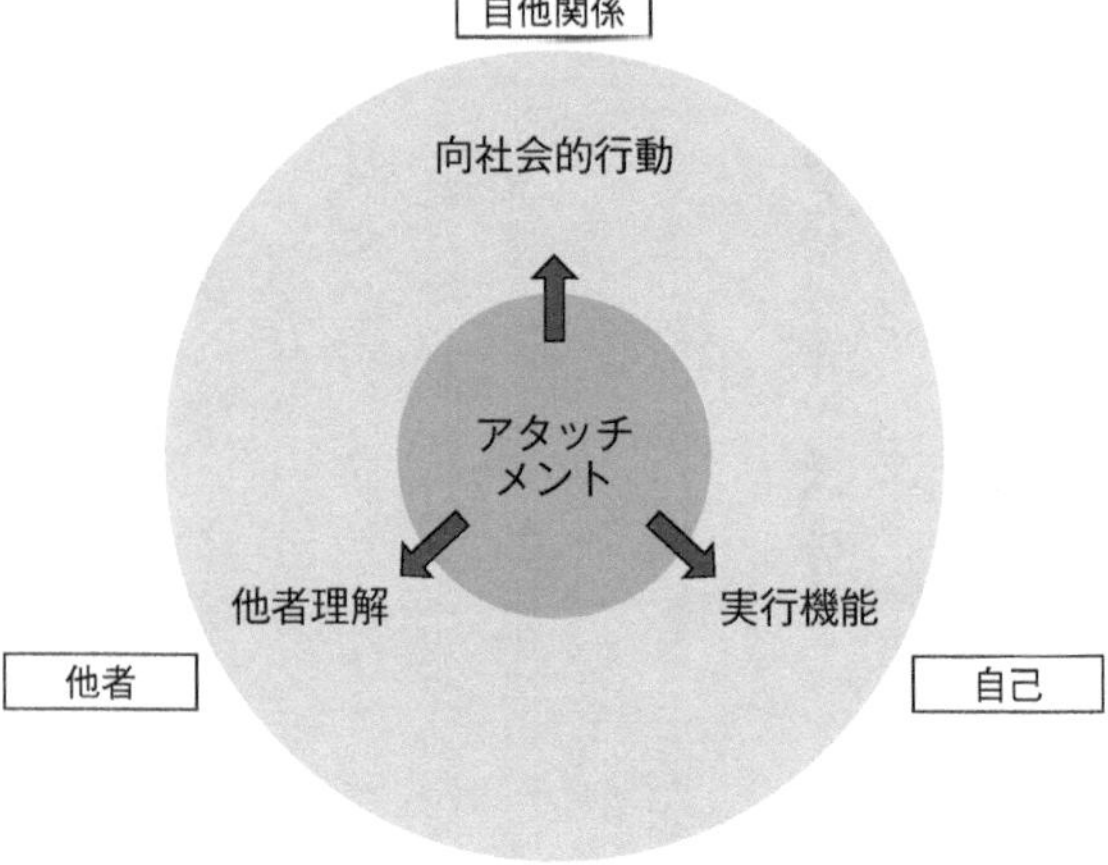

とではありません。ほどほどにやり過ごすことができるためのスキル、というくらいの意味合いです。

　より具体的には、あくまで乳幼児期に限定したものですが、それを単純化したモデルが、図4-1のものです。児童期から青年期にかけては、より多くの能力がかかわっている点には注意してください。

　中核にあるのは、いわゆる「アタッチメント」と呼ばれる、養育者とのやりとりを通じて形成される情愛的な絆《きずな》です。もちろん、これは能力やスキルとは呼び難く、どちらかと言うと性格に近いものなのですが、様々な文献をみると、これは外せないという印象を持っています。これが、他者への信頼とかかわるものです。

次に、表面のほうにあるスキルとしては、自己、他者、自他関係というそれぞれの領域についてのスキルがあります。自己に関するスキルとして実行機能、他者に関するスキルとして他者理解、自他関係にかかわるスキルとして向社会的行動を挙げています。

実行機能と向社会的行動に関しては次章以降で改めて説明するとして、他者理解について簡単に説明をしておきますと、これは幼児期に著しく発達する、「心の理論」という能力のことを主に指しています。

心の理論とは、他者の行動からその背後にある心的状態（意図や欲求、信念など）を推論する能力のことを指します（詳細は拙著『おさなごころを科学する　進化する乳幼児観』参照）。他者の考えや感情を推測し、その次に自分がどのような行動をとったらいいかを決めるために重要な能力であるとされています。推論する能力であることからわかるように、この能力は明らかに認知スキルです。

心の理論については、実行機能や向社会的行動に比べると、子どもの将来との関連が明確に示されていないので、本書では詳しく取り上げません。ただ、自閉症の子どもでは心の理論が十分に発達しないなどの議論もあり（現在では異論あり）、子どもの発達にとって極めて重要なスキルであることは間違いありません。

■中核はアタッチメントにあり

このモデルで大事なことは、中核にあるアタッチメントから、表面にあるスキルへと発達していくことが想定されている点です。

アタッチメントとは、赤ちゃんが他者（主に養育者）との間に築く情愛的な絆のことを指します（文献4-4）。生まれて間もない赤ちゃんは、自ら世界を探索し、知識を獲得しようとします。このとき、赤ちゃんは、怖い目にあったり、痛い目にあったりすることがあるかもしれません。また、不安になることもあるでしょう。

こういうときに、養育者などの大人に抱きしめられると、赤ちゃんは安心感を得ることができます。乳児期には特に物理的な接触（くっつくこと）が大事で、これによって安心感を得ることができます。

赤ちゃんと養育者の絆を築くためには、養育者側のかかわりが大事です。赤ちゃんが怖い目にあって泣いたとき、養育者側の反応も様々です。ちょっとくらい泣いてもいいやと思う養育者もいれば、泣いたらすぐに抱っこする養育者もいるでしょう。このようなかかわりを通して、赤ちゃんと養育者との関係には個人差が生まれます。

自分が泣いても養育者が反応してくれない場合、赤ちゃんは養育者と距離をとるようになりますし、すぐに抱っこしてくれる場合には、赤ちゃんは養育者と近い距離を保つことになります。

このようなアタッチメントにみられる個人差は、赤ちゃんが1歳頃になると表れるようになります。

■親から他者へと広がる信頼

そして、養育者は、子どもにとって最初の他者です。養育者に対する信頼は、それ以外の他者に対する信頼につながっていくと考えられます（文献4-5）。

たとえば、自分が泣いたときに敏感に反応し、自分を慰めてくれる養育者に育てられた子どもは、養育者のことを信頼することができます。

そのような子どもは、養育者に対する信頼を基に、それ以外の他者も信頼しやすいのです。養育者以外の大人、たとえば、保育士や幼稚園の教師なども信頼しやすくなりますし、友達に対しても肯定的にかかわることができるようになります。

一方、自分が泣いても放置され、慰めてくれない他者によって育てられた子どもは、養育者のことを信頼できません。その結果として、他の大人や友達に対する信頼も育ちづらくなるでしょう。

厳密に言うと、学術的には、養育者に対する信頼が他者に対する信頼に直接的につながっているかについてはいくつかの考え方がありますが、養育者に対する信頼がそのほかの他者に対する信頼にかかわることは間違いありません。

ただ、一つ述べておきたいのは、養育者が基になるのは間違いないものの、養育者がすべてではないということです。養育者がすべてであれば、養育者との関係がうまく築けない場合に、その子どもはそれ以外の他者も信頼できないということになります。

ですが、養育者との間に良好な関係を築けない場合でも、子どもは保育士や教師と良好な関係を築くことがあります（第8章参照）。養育者代わりにはなれないでしょうし、なる必要もないのですが、このような大人が見守ってくれることは子どもの支えになります。

こうやって主に養育者との間に築かれた関係は、子どもの「自分」についての考え方の基礎にもなります。たとえば、養育者との間に良好な関係を築けた子どもは、「自分は他者に愛される存在だ」「他者は自分に優しくしてくれる存在だ」と考えるようになりますし、養育者との間に関係性を築けない場合は「自分は愛されない存在だ」「他者は自分に意地悪をする存在だ」と考えるようになるかもしれません。

自分に関する考え方は、自己に関するスキルの基礎となり、他者に対する考え方は、他者や自他関係に関するスキルの基礎となります。実際、赤ちゃんのときのアタッチメントが、幼児期以降の実行機能や心の理論、向社会的行動と関連するという報告があります。
つまり、乳児期に形成されるアタッチメントが基盤となり、乳児期から幼児期にかけて他者への信頼が形成され、それらが自分や他者と折り合いをつけるスキルに影響を与えることになるのです。

まとめ

本章では、非認知能力と言われるものについて概観し、非認知能力という言葉は社会や教育現場では広く使われるようになっているものの、学問的には分野間で立場が異なることを説明してきました。

いずれにしても、非認知能力という言葉が指す内容は漠然としており、子どもの発達の理解や支援につながりにくいと思われるので、OECDや我々の研究を手掛かりに整理し、自分や他者と折り合いをつけるためのスキルであることをみてきました。

筆者らの研究グループのモデルでは、アタッチメントから他者への信頼を通して、実行機能や向社会的行動が発達します。次章では、その一つである実行機能の発達過程についてみていきます。

第5章

実行機能の発達

第4章では、社会や教育現場に浸透してきた非認知能力という概念について紹介してきました。その中で、非認知能力が指す内容が曖昧であるため、様々な観点から整理し、他者への信頼から実行機能と向社会的行動の発達に至るモデルを紹介しました。

第5章では、その一つである、実行機能の発達過程についてみていきます。本章の内容は、拙著『自分をコントロールする力　非認知スキルの心理学』により詳しく説明しているので、そちらもご参照いただければと思います。

■考えや感情を制御するスキル

実行機能は、第4章でみた社会情緒的スキルの「目標の達成」のために必要なスキルの一つだとされています。たとえば、ダイエットという目的のために、ケーキを食べたいという欲求をがまんしたり、サッカーで勝つという目標のために、事前に立てていた戦術から頭を切り替えて新しい戦術を採用したりする能力のことです。

つまり、目標を達成するために、考えや感情を制御するスキル、ということになります。

実行機能は、英語でエグゼクティブファンクションと言います。筆者は飛行機のエグゼクティブクラスに乗ったことはありませんが、エグゼクティブとは何かしら上位に位置するイメージがあると思います。

たとえば会社の中で、現場の社員に対して指令を出す取締役のようなイメージです。利益を出すという目標のために、ときには方針を転換したり、ときには旧態依然とした体制を改めたりする役割があります。

会社では営業などの社員に指令を出すのが取締役ですが、本書では、個人の中で、目標を立て、その目標のために指令を出すものが、実行機能の基本的なイメージです。

研究上では、実行機能は研究者間で定義が少々異なります。複雑なので省略しますが、教育現場に近い研究などでは、実行機能とは「作業記憶」「行動の抑制」「頭の切り替え」の三つの能力から成り立つと考えられています（文献5-1）。

まず「作業記憶」とは、ある課題の情報を覚えつつ、必要に応じてその情報を変換する能力のことです。たとえば、あるテストでは、検査者が「1、4、3」と言ったら、子どもは「3、4、1」と逆に答えることを求められます。この例では、三つの数字を覚えながら、その順序を逆に入れ換えるという変換が必要になります。

次に、「行動の抑制」とは、習慣などによって、無意識にやってしまう行動や選択しがちな行動を抑制する能力のことを指します。たとえば、白いカードをみたら白、黒いカードをみたら黒、と言いたくなります。これが習慣から無意識にやってしまう行動です。ですが、課題では、このような行動を抑えて、白いカードをみたら黒、黒いカードをみたら白、と言わなければなりません。無意識にやってしまう行動を抑えられるかが調べられます。

最後の「頭の切り替え」は、ある行動から別の行動に切り替えたり、思考を切り替えたりするときに重要な役割を果たします。現実の人間社会は複雑で、目標を達成するためには、柔軟に行動や思考を切り替える必要があるため、筆者はこの側面が最も重要だと考えています。頭の切り替えのテストについては後ほど説明します。

実行機能は、この三つから成り立つと考えられてきましたが、最近の研究では、幼児期から児童期初期にかけては、まとめてしまったほうが理解しやすいと考えられるようになりました（文献5-2）。

これらをまとめて、目標を達成するために、無意識にやってしまうことや選択されやすいことを制御する能力だと考えてよさそうです。したがって、この能力を「思考の実行機能」と呼びます。

■目的のために衝動を抑えられるか

第2章で紹介したような、マシュマロテストなどで必要とされる能力も、最近では実行機能の一種だと考えられるようになってきました（文献5-3）。マシュマロテストには実行機能以外に他者への信頼もかかわりますが、ここでは実行機能に絞って考えてみます。

マシュマロテストでは、目の前にあるマシュマロを食べたいという気持ち、欲求、衝動性などを制御する必要があります。大事なこととして、気持ちや欲求のようなものを抑えることと自体が大事なのではなく、後でより多くのマシュマロを得るという目的を達成するために、今食べたい気持ちを抑えることが必要なのです。

つまり、目標を達成するためのスキルという意味では、思考の実行機能と同じなのです。制御する対象が異なるだけなのです。

ダイエットをしている人は、ダイエットという目的の達成のために、目の前のハンバーガーを食べることを制御する必要があります。ボクサーは、試合に臨み、勝利を得るという目的を達成するために、減量中は水をがまんしなければなりません。

ある欲求や衝動性を制御するべきかどうかは、個人がどのような目標を持っているかに大きく依存します。ボクサーであれば水をがまんする必要がありますが、それ以外の多くのスポーツをやっている人にとって、水をがまんすることは、パフォーマンスを落とすどころか、心身に深刻な影響を与える可能性もあります。あくまで、目標のために欲求を制御するという点が大事なのです。

マシュマロテスト以外でよく使われるのはプレゼントテストです。このテストでは、検査者が子どもにプレゼントを用意しているのですが、プレゼントの包装をし忘れてしまっているという状況をつくります。そのため、検査者は子どもに、検査者のほうをみないように告げるのですが、検査者が大きな音を立てて包装するので、子どもは検査者をみたくなります。このとき、子どもが検査者をみたい気持ちを抑えられるかどうかを調べます。このテストでも、みたいという衝動や欲求を制御できるかが検討されます。

■二つの実行機能――思考と感情

このように、実行機能には思考面と感情面の2種類があります。思考の実行機能とは、日常的についついやってしまう行動を制御するものです。日頃の習慣によって無意識にやってしまう行動や選択されやすくなった行動を制御します。

一方、感情の実行機能とは、本能的な欲求や感情をコントロールして、目標を遂行する力です。食べ物はもちろんのこと、喉が渇いたときの水、目の前にあるお金、欲しいゲームや玩具などを目にすると、私たちは今この瞬間に直ちに手に入れたくなります。そういった気持ちを制御する能力です。

先に、思考の実行機能は、子どもにおいては三つともまとめてしまったほうが理解しやすいと述べました。そのため、思考の実行機能と感情の実行機能もまとめてしまうのがよいと思われるかもしれませんが、この二つは別物であることが様々な研究から報告されています。実行機能は思考面と感情面で分けて考えたほうがよいのです。

子どもの日常行動への影響も、思考面と感情面では違うことが示されています。第1章でみたように、ダニーデンの研究などから、実行機能は子どもの未来に影響を与えることが示されています。ですがこの研究では、思考面と感情面を区別していないので、どの側面がどのような役割を果たしているかは明らかではありません。

ここ10年程度で、実行機能の思考面と感情面の役割が調べられています（文献5-4）。特に、幼児期の実行機能が学力や問題行動などを含めた、小学校へ入学するためのスキル（就学準備性）と関係しているかが調べられています。

幼児期に思考の実行機能が高い子どもは、国語や算数といった学力に関する就学準備性が高いようです。特に、数の概念、計数、計算などの算数の基礎となる能力との関係に強い影響力を持ちます。

たとえば、計算問題を考えてみましょう。「りんごが二つあります。そこにみかんを三つかってきました。ごうけいでいくつですか」という問題があったとき、子どもは、りんごの数とみかんの数を覚えつつ、その二つの数字を足し合わせるという変換をしなければなりません。これは、先述の作業記憶のテストと似たような構造です。このようにして、思考の実行機能は学力と関連するのです。

学力のみならず、思考の実行機能は、相手の気持ちの理解など、社会的な意味での準備性にかかわるようです。たとえば、思考の実行機能は先述した心の理論の発達にも影響を与えることが示されています。

相手の考えや気持ちを理解するためには、自分の考えや気持ちと、相手の考えや気持ちを区別し、自分の考えや気持ちを抑える必要があります。独りよがりにならず、相手の気持ちを汲《く》み取るためには、抑制機能のような能力が必要となるのです。

これらの能力は、学校生活において、友人や教師とうまく付き合っていくために大事となってきます。思考の実行機能が高い子どもは、クラスでうまくやっていく可能性が高いのです。

感情の実行機能は、問題行動とのかかわりが強いようです。この側面が発達している子どもは、自分の感情とうまく向き合うことができます。交代で遊具を使うときに、もう少しその遊具を使いたいけれど、待っている友達がいるなら、遊具を使いたい気持ちを抑えられます。

一方で、感情の実行機能が発達していない場合は、遊びたい気持ちを抑えきれずに、友達とトラブルになりやすかったり、友達と一緒に活動をしたりすることが難しいようです。その結果として、クラスで浮いてしまい、孤立するということもあるでしょう。

このように、実行機能の二つの側面は、子どもの時期から別々の役割があるようです。では、これらの能力は、いつ、どのように発達していくのでしょうか。

■思考面の発達

まず、思考面の実行機能の発達についてみていきましょう。こちらの側面の発達は、比較的単純です。大雑把に言うと、乳児期には「種のようなもの」を持っているにすぎないのですが、幼児期に著しく発達し、児童期から青年期にかけて緩やかに発達します。

思考面を総合的に調べられると考えられているのが、ルール切り替えテストです（文献5-5）。このテストでは、あるルールを基にゲームをやるのですが、子どもはゲームのルールを覚え、ルールに従って行動し、途中でルールが変われば、それに応じて行動を柔軟に制御しなければなりません。

このテストでは、色と形という二つの特徴を持ったカードを用います。たとえば、「白い家」と「黒いコップ」のカードを用意し、これを標的とします。そして、標的とは色と形の組み合わせが異なる「黒い家」と「白いコップ」のカードを用意し、このカードを分類します。

子どもは、ルールに従ってカードを分けます。たとえば、第1段階では、同じ色のほうにカードを分けるように指示されます。この第1段階に成功すると、第2段階では、子どもは第1段階とは異なる、形で分類するように指示されます。第2段階に成功すると、第3段階では、子どもは、色と形のルールを柔軟に使い分けてカードを分類しなければなりません。

このルール切り替えテストでは、3歳頃までは、第1段階には成功できますが、第2段階には成功できません。たとえば、第1段階が色ルールだと、3歳の子どもでも正しく分けることができますが、第2段階では形ルールなのに、色に基づいてカードを分けてしまいます。

4歳頃になると、切り替えができるようになり、5歳頃になるとほぼ正しく第2段階を成功することができます。ただ、第3段階は、小学校以降まで発達が続くことが知られています。

このテストを3〜15歳の参加者を対象に行った研究では、テストの成績は、幼児期に急激に発達した後に、児童期から青年期に至るまで、緩やかな発達が続くことが報告されています。

ちなみに、この能力は、成人期以降に加齢の影響を受けやすいことも知られています（文献5-6）。成長時は青年期頃まで時間をかけて発達するのに、加齢によって能力が低下するのも速いのです。

■感情面の発達

次に、感情面の実行機能の発達についてです。こちらを理解するにあたって、自動車のアクセルとブレーキという考え方が有用です。先ほどのプレゼントテストを例に考えてみましょう。

このテストでは、検査者が音を立ててプレゼントを包装しているので、その様子をみたいという気持ちが出てきます。アクセルとブレーキの関係で言えば、アクセルです。一方で、プレゼントテストでは、検査者のほうをみないように指示されているので、みたいという衝動や感情を制御しなければなりません。こちらはブレーキになります。

感情の実行機能は、このアクセルとブレーキの関係で決まります。アクセルが強すぎれば、つまり、みたいという気持ちが強すぎれば、ブレーキはその気持ちを抑えられません。一方、アクセルがそれほど強くなければ、ブレーキは抑えることができるわけです。

感情面の実行機能も、思考面と同様に、幼児期から児童期に大きく成長します（文献5-7）。プレゼントテストやマシュマロテストでは、2歳以下の子どもは目の前に自分の好きなお菓子やプレゼントがあると、待つことは全くできません。がまんすることなく、すぐに手を伸ばしてしまいます。アクセルが勝つわけです。

2歳を少し過ぎた頃から少しずつ待てるようになり、3歳、4歳になると待つことができる時間が伸びます。3歳では2分程度、4歳では4分以上待つことができるようになり、5歳になると15分待つことができる子どもも出てきます。

ただ、幼児期では、同じ日の中では待てるようになりますが、翌日以降も待つのは難しいようです。今日もらえるお小遣いが、明日になれば2倍もらえるといったように、日をまたぐようなテストでは、小学校中学年頃から、翌日まで待つことができるようになります。

このように感情の実行機能は、幼児期から児童期にかけて、順調に発達していきます。ところが、青年期では、この能力が一時的に低下します。誰しも身に覚えがあると思いますが、青年期には衝動的な行動を抑えるのが難しくなります。尾崎豊さんの歌にみられるような衝動性を誰もが持っているのです。その結果として、一部で盗みや万引きのような犯罪行為に手を出してしまうこともあります。

■青年期には実行機能が働かない?

実際に、お金を使ったテストでは、児童期や成人期よりも、青年期の被験者が最も衝動的な行動をとることが示されています（文献5-8）。

有名なギャンブルテストでは、参加者の前にいくつかの箱を用意し、それぞれの箱にカードが入っています。カードには、「あたり」と「はずれ」があり、あたりのカードを引くとお金をもらえ、はずれのカードを引くと、お金をとられてしまいます。

箱には大きく2種類あり、一つはリスクが低い箱です。あたりを引くとお金が少しもらえ（たとえば50円の利益）、はずれを引くとお金が少しとられます（たとえば50円の損失）。こちらの箱にはあたりが多く、選び続けると最終的には少しばかり利益が出ます。

もう一つの種類の箱はリスクが高い箱です。あたりを引くとお金が多くもらえるものの（たとえば250円の利益）、はずれを引くと大損してしまいます（たとえば1250円の損失）。こちらの箱にははずれが多いので、選び続けると損をします。

このテストでは、リスクが高い箱のほうが多くの利益を得られそうなので、そちらを選びたいという気持ちになります。ですが、はずれも考慮すると、最終的には損になるので、リスクが低い箱を選ぶ必要があります。

このような課題を、小学生、中学生、高校生、大人に与えると、小学生や大人よりも、中学生や高校生のほうが、リスクが高い箱を選びやすいことが示されました。特に、最もリスクが高い選択をしやすかったのは、中学生だったのです。

なぜ、青年期には衝動的な行動を制御することができないのでしょうか。ギャンブルテストでは、お金を得ようとする欲求や衝動性がアクセルで、その欲求や衝動性を止めるのがブレーキということになります。

小学生では、アクセルとブレーキのバランスが良いようです。一方、中学生や高校生では、アクセルが強すぎて、ブレーキによってうまく制御できていません。

ここで大事なのは、ブレーキの性能自体は、小学生よりも中学生や高校生のほうが良いという点です。つまり、青年期では、ブレーキの性能は良いけれど、それ以上にアクセルが強すぎるために、自分の衝動性を抑えるのが難しいということです。

これは、ブレーキの発達がゆっくりであるのに対して、アクセルの発達は青年期に、思春期に起きる性ホルモンなどの影響で、急激に起きるためだと考えられます。大人になると、ブレーキの発達がアクセルの発達に追いつくため、再びブレーキがアクセルを抑え込めるようになります。

■実行機能の脳内メカニズム

このように発達する実行機能ですが、第1章でも触れたように、脳内の前頭前野とのかかわりが強いことが知られています。この点をもう少し説明しましょう。

前頭葉は、古くから、行動の制御と関連することが知られています。たとえば、前頭葉を損傷している喫煙者の患者さんが目の前にタバコを置かれると、タバコに手を伸ばして吸う行動を制御できなかったり、医師が目の前で手を合わせる様子をみると、その行動をそのまま真似してしまい、その傾向を制御できなかったりすることが知られています（文献5-9）。

前頭葉を損傷すると、言語や視覚や聴覚などには障害がみられなくても、感情をコントロールしたり、行動を制御したりすることが難しくなります。このような研究結果から、前頭葉、特に、前頭前野が行動の制御の中枢であることが指摘されるようになりました。

前頭前野も、大きく外側前頭前野、内側前頭前野、眼窩《がんか》部などに分かれますが、いずれの領域も実行機能に重要な役割を果たしています。

実行機能の情動面には、前頭前野と、報酬に関する脳内処理を担う腹側線条体《ふくそくせんじょうたい》などの領域がかかわります。感情面にはアクセルとブレーキがあることを紹介しましたが、腹側線条体、眼窩前頭皮質はアクセル、外側前頭前野はブレーキ、内側前頭前野はその調整役を担うことが知られています（文献5-10）。

たとえば、すぐにもらうことができるが金銭的に少ない選択肢と、後でもらうことになるが金銭的に多い選択肢を与えられた際の脳活動をｆＭＲＩ（ＭＲＩ装置を使って無害に脳活動を調べる方法）で計測した研究では、すぐにもらう選択肢（アクセルとのかかわりが強い）を選択する場合には、腹側線条体や眼窩前頭皮質などの脳領域の活動が認められ、後でもらう選択肢（ブレーキとのかかわりが強い）を選択する場合には、外側前頭前野などの領域の活動が認められました。

腹側線条体などの領域は、報酬系と呼ばれる脳内回路の一部です。ドーパミンなどの神経伝達物質がこの経路で伝達されます。報酬系は、食べるなどの本能的行動を快感として感じるとき、もしくは予想するときに活動します。

一方、実行機能の思考面には、中央実行系回路と言われる脳内ネットワークがかかわります。この回路には、外側前頭前野と頭頂葉の一部領域が含まれます。健常な成人を対象にルール切り替えテスト時の脳活動を調べた研究からは、この課題でルールを切り替える際には、外側前頭前野や頭頂葉などの中央実行系回路の主な領域が強く活動することが示されています（文献5-11）。

■思考の実行機能と前頭前野の発達

これらの脳内ネットワークは、乳幼児期から青年期、そして成人期を経て高齢期に至るまで長い期間をかけて発達していきます。前頭葉自体は乳児期から働いているようですが、実行機能にかかわってくるのは幼児期以降です。

筆者らは、これまで、幼児期から児童期にかけての外側前頭前野の発達について検討し、思考の実行機能の発達と外側前頭前野の間に関係があることを明らかにしました。

近赤外分光法という方法を用いて、先述のルール切り替えテストにおける幼児の脳活動を調べました。近赤外分光法では、近赤外光を頭皮から照射することで、ある脳領域における血流の変化を調べることができます。ある脳領域において血流が変化することは、その領域が活動していることを示していると考えられます。

筆者らは、まず、3歳児にルール切り替えテストを行い、そのテスト時の外側前頭前野の血流変化を調べました（文献5-12）。3歳の時点において、課題に通過した子ども（通過群）と、しなかった子ども（失敗群）がいたため、群で分けて分析しました。その結果、通過群の子どもは外側前頭前野を活動させていたのに対して、失敗群ではその活動はみられませんでした。

この調査に参加してもらった9か月後に再度調査を行い、4歳になったときにどのような変化がみられるかを検討しました。すると、失敗群の子どもは、3歳時点においてはルールの切り替えに失敗したのですが、4歳時点においてはほぼ完璧に課題に通過しました。9か月の間に、思考の実行機能が向上したのです。

失敗群の子どもの脳活動をみてみると、3歳時点においては外側前頭前野の血流変化は非常に弱かったのですが、4歳時点においては3歳時点に比べて、血流変化が著しく強くなっていました。この結果は、前頭前野の活動の発達的変化と、思考の実行機能の発達が関係していることを示しています。

児童期以降の研究では、実行機能には、外側前頭前野だけではなく、頭頂葉の一部領域もかかわることが知られています。これらのネットワークが児童期から青年期・成人期まで徐々に発達していく中で、思考の実行機能も発達していくようです。

■感情の実行機能と前頭前野の発達

感情の実行機能と前頭前野の発達の関係については、あまり研究は多くないのですが、こちらも筆者らの最近の研究を紹介しましょう。

この研究では、子どもの前に、二つの箱を置き、その中に子どもが好きなシールが入っています。片方にはシールが1枚、もう片方にはシールが4枚入っており、どちらの箱がいいかを尋ねます（文献5–13）。

このテストでは、子どものそばにブタのぬいぐるみを置き、意地悪なブタさんであると紹介します。ブタさんは、子どもが選んだほうをとってしまいます。

たとえば、子どもが4枚のほうの箱を選ぶと、ブタはその箱のシールをとってしまうので、結果的に子どもが得られるのは1枚のシールになります。逆に、子どもが1枚のほうの箱を選ぶと、ブタはその箱のシールをとってしまうので、子どもは4枚のシールを得られます。

つまり、このテストでは、多くのシールが欲しい、だから4枚のほうの箱を選んでしまいそうになるところをがまんして、1枚のほうの箱を選ばなければいけません。欲求と行動、その両方を制御しなければならないテストなのです。

この課題を、幼児を対象にやってみると、3歳児はどうしても4枚のシールが入った箱のほうを選んでしまうのですが（結果的には1枚しかもらえない）、年齢とともに、1枚のシールが入った箱を選び、4枚のシールを得られるようになります。

さらに、脳活動をみてみると、1枚のシールが入った箱を選ぶ際に、ブレーキと関係する外側前頭前野が活動していることが明らかになりました。外側前頭前野の発達と感情の実行機能の発達が関係しているようです。

アクセルである報酬系脳領域の活動を幼児で調べるのは技術的に難しいのですが、児童期以降では前頭前野が、アクセルである報酬系回路の働きにブレーキをかけることが明らかになっています。

さらに、青年期にみられる感情の実行機能の変化も、脳の働きから理解することができます。先に述べたように、中学生や高校生は、小学生に比べて、ギャンブルテストでリスクのある判断をしてしまいます。このような判断は、思春期の性ホルモンによってブレーキよりもアクセルが先に発達することに影響されます。

ここで言うアクセルが、報酬系回路になります。青年期には、報酬系回路が急速に発達し、お金などの報酬に対して強く働いてしまうようです。

実際に、児童期や成人期よりも、青年期のほうにおいて、報酬を提示されたときの皮質下の一部領域の活動が強いことが報告されています。特に、13〜14歳頃において、この領域の活動がピークを迎えているのです。つまり、青年期においては、報酬系回路の活動が極めて強くなり、前頭前野が十分にその活動を抑えられないのです（文献5-14）。

まとめ

本章では、子どもの将来に重要な実行機能の発達過程と、その脳内機構について紹介しました。実行機能には思考面と感情面があり、幼児期から児童期までは同じように発達すること、青年期ではその発達が異なることを紹介しました。

また、脳内機構も異なり、思考の実行機能は中央実行系回路、感情の実行機能は前頭前野と報酬系回路を含む脳内ネットワークがかかわることを示しました。

次章では、もう一つの重要なスキルである向社会的行動についてみていきます。

第6章 向社会的行動の発達

第5章では、子どもの未来に大事なスキルである実行機能の発達過程についてみてきました。本章では、実行機能と並んで重要である向社会的行動とその発達についてみていきたいと思います。

■向社会的行動とは

第1章でも紹介したように、向社会的行動は、他者に利益をもたらす意図に基づく自発行動のことを指します。他者の利益のためになされる行動です。ときには、自分に不利益が生じても、他者を利する行動をとることがあります。募金、寄付、弁当の分配などは、その最たる例です。

向社会的行動は他者に対する共感から生み出されます（文献6-1）。

ここで言う共感とは、他者に起きたことを、自分の身に起きたことのように感じるという意味です。たとえば、他者につらいことが起き、苦痛を感じたとしましょう。その様子をみたあなたが、他者と同じように苦痛を感じた場合、共感したと考えられます。

もちろん、他者と同じような感覚を覚えたと完全に証明する手立てはないのですが、他者と類似した経験をすれば共感したと考えます。

他者に共感した後の行動は、二つに分かれると考えられます。向社会的行動につながる場合とつながらない場合です。まず、向社会的行動につながる場合を考えてみましょう。

他者に共感するだけでは、他者と同じような経験を自分がするだけなので、他者を助けようとか励まそうという行動にはつながりません。

ただ、そこで、他者に対して抱く悲しみなどの感情、同情が生じます。たとえば、苦しそうな表情をしている他者をみて、つらそうだな、かわいそうだな、という気持ちになります。ここで、自分ではなく、他者に向けられた感情が生じるのです。

同情が生じると、他者の苦痛などを緩和するために、向社会的行動をとるようになります。他者が空腹で苦痛の表情をしているのであれば、お腹を満たすために弁当を分けたりすることができるようになります。

■向社会的行動と他者の痛み

他方、他者に共感しても、向社会的行動につながらない場合もあります。これは、他者に共感した後、自分がしんどくなってしまう場合です。たとえば、他者が苦痛の表情をしている場合は、共感することで自分も苦しくなってしまいます。そうすると、他者どころではなくなってしまい、その場から逃げるなどの自分の苦痛をなくすような行動をとります。結果として、向社会的行動ができなくなります。

この点は筆者にはあまりピンとこなかったのですが、友人・知人に聞いてみると、たとえば映画をみるだけでも、登場人物に感情移入しすぎてしんどいとか、けがをするシーンをみると自分が本当に痛いなどとおっしゃる人がいて、このモデルは妥当なのだなと思ったものです。

また、自分がしんどくなった場合に、そのしんどさを制御するために、自分と他者を切り離す必要があります。ここで感情の実行機能が必要になってくると考えられています。共感して、自分が苦しくなってしまったときに、その苦しさをうまく乗り切れれば、向社会的行動につながるのです。つまり、向社会的行動には実行機能が必要となってきます。

実際に、多くの研究が、実行機能の発達と向社会的行動の発達に関係があることを示しています。

■向社会的行動の四つの段階

このような過程で生じる向社会的行動ですが、当然ながら生まれたばかりの新生児ができるわけではありません。いつ頃にできるようになるのでしょうか。

この点に関しては、心理学者マーチン・ホフマンの理論があります。この理論について説明しましょう（文献6−2）。

この理論では、向社会的行動は四つの段階で発達していくと考えます。まず、生まれたばかりの赤ちゃんでは、自分と他者が未分化です。たとえば、新生児は、病院などで他の新生児と一緒の部屋に置かれることも多いのですが、ある新生児が泣き出すと、他の新生児も泣き出します。これが何を意味するかは解釈が分かれるところですが、ある新生児の泣き声が他の新生児にも伝染している証拠だと考えられています。

自分と他者という区別はなく、他者が経験していることを自分も経験しているという意味で、共感の種みたいなものです。これは生まれつき持っている能力であり、他児の泣きをみると、自動的に泣いてしまうと考えられます。

1歳前頃から二つ目の段階になり、自己中心的な共感性が芽生えます。この段階では、他者の苦痛や泣きをみたときに眉をひそめるなど、単純に伝染しているのとは異なる反応を示します。ただし、他者の苦痛や泣きに対して、自分のときと同じように反応しているにすぎず、その意味で自己中心的だと考えられています。

1歳を越えると、三つ目の段階となり、他者に対して慰めるような行動が出てきます。この段階では、自分と他者が異なった身体を持った別々の存在であることは理解できるのですが、自分と他者が異なった好みや欲求を持っていることは理解できていません。そのため、向社会的行動そのものは、自己中心的なものです。

たとえば、泣いている子どもをみつけた場合、その子を慰めようと思って、自分が大好きな玩具を渡します。自分が『すみっコぐらし』が好きだった場合、そのぬいぐるみで泣き止むだろうと思って、そのぬいぐるみを渡します。ところが、泣いていた子どもが『すみっコぐらし』を知らない場合、特に嬉しくもないので、泣き止みません。自分の好みを中心に考える、半分、自己中心的な共感性だと考えられます。

2歳頃になると、四つ目の段階となり、自分と他者の好みの違いもわかってくるので、自己中心的な行動は減り、共感から他者に向けられた同情ができるようになり、向社会的行動ができるようになります。ここで基本的な向社会的行動が発達したと考えられます。

2歳以降の向社会的行動は様々な側面で発達していきますが、ここでは、誰に対して親切にするのかという点について考えてみましょう。

■誰に対して親切にするべきか?

そもそも、なぜ、我々人間は、他者を利する行動をとるのか。これは、未だに解けていない大きな謎の一つだとされていますが、ここでは誰に対して親切にするのか、という点を説明します。

生物として考えたときに、私たちは遺伝子を残すことが使命です。その意味で、家族などの血縁関係にある人に対して親切にするのは、自分と遺伝子を共有しているわけですから、それほど不思議なことではありません。

次に、友人・知人です。友人・知人は、血縁関係にはありませんが、私たちは日々、親切な行為をしたりされたりしています。ヒト以外の生物も、見知った個体に対しては親切な行為をすることが知られているので、こちらもそれほど意外なことではないでしょう。

たとえば、友人が財布とスマートフォンを両方、同時になくしたとします。昼食も食べられず、電車に乗って帰ることもできません。こういう状況では、誰しも友人にお金を貸すでしょう。昼食代と電車代を含めて、2000円くらい貸すかもしれません。2000円減るわけですから、一時的な不利益ということになります。

なぜこういうことをするかと言うと、感謝されたら嬉しい、何もしなかったら気まずいなどの感情的な問題もあると思いますが、自分が財布を落としたときやスマートフォンをなくしたときに、同じように助けてくれるか、という点も重要になってきます。

つまり、ある場面での自分の不利益（2000円貸す）を、別の場面（自分が財布やスマートフォンを落とす）では他者が引き受けてくれる（可能性を残す）ことになり、その結果、プラスマイナスゼロとなるのです。困ったときはお互い様ということです。

最後に、難しいのは、全く見知らぬ他者への親切な行為はなぜなされるのか、という点です。見知らぬ他者へ親切な行為をするのは、人間以外ではほとんどみられません。

読者の皆さんも、誰も知り合いのいない被災地に寄付や募金をしたり、電車やバスで面識のない高齢の方に席を譲ったりしたことがあると思います。でも、友人・知人の場合と異なり、同じ人から寄付や募金が戻ってきたり、同じ人から席を譲られたりすることはほぼないでしょう。つまり、直接的なお返しはないのです。

でも、間接的なお返しならあるかもしれません。そのような考えが知られています。たとえば、AさんがB君に親切にしたとします。B君はその話を、Cさんにします。ある種の噂《うわさ》です。そうすると、Aさんの評判が上がり、CさんはAさんに親切にすることになるかもしれません。

つまり、親切なことをして、それを誰かにみられていると、その人の評判が高まり、別の誰かから親切な行いを受けるようになるのです。逆に、意地悪なことをして、それを誰かにみられていると、その人の評判が下がり、別の誰かから親切な行いを受けにくくなるのです。

この証拠として、私たちは、誰かにみられていると、みられていない場合よりも、見知らぬ人に対して親切な行いをすることが知られています。意識的かどうかは別として、評判を気にして親切な行いをするのです。

また、私たちは親切な人に対しては自分も親切にし、意地悪だと思われる人には自分も親切にしない傾向があることも知られています。このようにして、間接的なお返しをする仕組みは成り立っていると考えられます。

実際にはもっと複雑な過程がありますが、このような社会的な評判を通して間接的に行われるお返しがあるので、人間は見知らぬ他者へも親切にするのではないかと考えられています。専門的には「間接互恵性」と言います（文献6-3）。

■最初は誰にでも親切

では、このような友人・知人への親切な行為や、見知らぬ他者への親切な行為はどのように発達するのでしょうか。

素直に考えると、向社会的行動が出始める頃には、家族にだけ親切で、その次に、友人・知人、最後に見知らぬ他者にも親切な行為ができるようになるような気がします。

これは、子どもは「誰に対して向社会的行動をするのか」を子育てや教育、経験とともに学んでいくという考えです。非常にまっとうな考えだと思います。

ところが、研究からは、子どもは「誰に対して向社会的行動をしないのか」を学んでいく可能性が示されています。つまり、向社会的行動をし始める1～2歳頃は、子どもは誰に対しても親切なのです。ところが、年齢とともに様々な経験をする中で、向社会的行動を誰に対してするべきで、誰に対してするべきではないかを学んでいくのです。

■子どもはなぜ親切なのか

子どもの向社会的行動がどのように発達していくのか、いくつかの実験を通じてみていくこととしましょう。

まず、ある研究では、1歳過ぎの子どもが、見知らぬ他者（実験者）に向社会的行動をするかどうかが検討されました（文献6-4）。いくつかの種類があるのですが、ある研究では、実験者が子どもの前でマーカーを落としてしまいます。ところが、実験者からはそのマーカーに手が届きません。一方、子どもは少し動けば届く位置にマーカーがあります。

このような状況で、子どもは、自発的にマーカーを拾って実験者に渡してあげることが示されています。実験者は子どもにお願いすることもなく、子どものほうをみることもしません。子どもは自ら進んで実験者を助けてあげるのです。向社会的行動は自発的に助けることですから、この点は重要です。

一方、実験者がわざとマーカーを投げたときには、子どもはマーカーを拾いに行きません。この場合、状況から実験者に助けはいらないと判断し、向社会的行動をしないようです。

同じように、実験者が雑誌を戸棚にしまおうとしている状況で、雑誌によって両手がふさがっているので戸棚を開けられないという状況でも、子どもは戸棚を開けて実験者を助けてくれます。

もちろん、乳幼児は、相手が自分を助けてくれそうか、などと考えて親切な行為をするわけではありません。では、なぜ子どもは親切なのでしょうか。

親切な遺伝子を持っており、その遺伝子が発現するからだと主張する人もいますが、それだけではなぜ子どもが親切な行為をしているかの説明にはなっていません。

一つ有力な考えとしては、子どもは他者とかかわることが好きであり、他者とかかわることに動機づけられているというものがあります。

筆者の娘が2歳のとき、まだまだ言葉としては未熟ながら、表情とジェスチャーで他者とかかわることは既に上手でした。その頃に、上記の実験のような状況でペンか何かを落としたときに、娘が拾ってくれたことを覚えています。

そのとき印象的だったのが、ものすごく嬉しそうにペンを拾ってくれたことです。それから気づいたのは、確かに手伝いや助けをとても楽しそうにやってくれることでした。

このようなことが研究でも示されています。実際に、2歳くらいの子どもは、他者（この場合はぬいぐるみ）にご褒美をあげる際には、自分がもらう際よりも、笑顔を示すようです（文献6-5）。

動機づけという観点からすると、子どもは他者を助けることに、内発的に動機づけられているということになります。誰かに褒められるからではなく（外発的動機づけ）、自分が嬉しくなるので人助けをするということです。素敵なことですね。

■友達を優先するようになる

誰に対しても親切な人は素晴らしいですし、素敵なことだと思いますが、世の中には悪い人がいるもので、それを利用しようとする人もいるかもしれません。

卑近な例で言うと、お金を借りることを考えてみます。知人がお金に困ったときに、お金を貸してあげたとします。それから時間がたって、今度は自分がお金に困ったとします。そのとき、先に貸した知人がお金を貸してくれる場合もあれば、そうならない場合もあるでしょう。このようなとき、お金を貸してくれなかった知人との付き合いを続けるべきでしょうか。

友人・知人の場合、なぜ親切にするかと言えば、困ったときはお互い様だからです。自分が困ったときに助けてもらう可能性があるので、自分も助けてあげるのです。その関係性が成立しない場合、付き合いを続けるべきではないかもしれません。

子どもも、3歳頃から、誰に対しても親切というわけではなくなってきます。特に、友達や仲間に対しては向社会的行動をするものの、見知らぬ人にはあまりしないということも示されています。たとえば、ある研究では、人形を使って、人形がそのきょうだいや友人、見知らぬ人に、オレンジやバナナなどを分配するかを調べました（文献6-6）。

その結果、見知らぬ人よりも、きょうだいや友人に対して、多くの資源を分配することが示されています。きょうだいと友人には差がありませんでした。

それ以外にも、同じ母語をしゃべる人を優先したり、チーム分けをされた後に、同じチームの人をより優先したりすることが示されています。

友人に対してなぜ資源が分配されるかと言うと、やはり、過去に自分に資源を分配してくれたとか、過去に自分に親切にしてくれたとか、そういったことが大事なようです。

その意味で、記憶や時間の概念の発達はとても大事になってきます。過去に親切にしてくれたという記憶や、未来に自分を助けてくれるだろうという時間旅行は、友人・知人との間で親切な行為が起こるためには重要です。

福岡教育大学の熊木悠人《ゆうと》博士、京都大学の明和《みようわ》政子教授と筆者らが行った研究では、未来のことを考える能力と友達に対する資源分配の関係を検討しました（文献6-7）。この研究では、子どもに砂漠や雪山などの写真をみせ、その場所に旅行に行くことを想像してもらいました。そして、そのときに持っていくものをいくつかの写真から選んでもらいました。未来に行く場所に対して、どのような道具を準備していくかを調べます。たとえば、雪山なら冬用のコートといったものです。

その結果、このテストの成績が高い5～6歳児は、友人に対してより資源を分配することが示されました。また、あまり親しくない知り合いへの分配とは関係しませんでした。どうやら、未来のことを考える能力は、子どもが誰に対して親切にして、誰に対して親切にしないか、という発達にかかわっているようです。

子どもが親切でなくなっていく過程というのは、擦れていっているようで寂しい気もしますが、現実社会の厳しさを考えると、社会への適応という意味で、これも大事な発達過程なのだと思います。

■意地悪な人には親切にしない

3歳頃から友人・知人に優先的に親切にするようになります。このとき、見知らぬ人の優先順位は落ちるわけですが、見知らぬ人がどの人も同じように扱われるわけではありません。

先述のように、人間の社会では、親切だと思われる人には親切に、意地悪だと思われる人には親切にしないことで、間接的なお返しの仕組みが成り立っているようです。このような傾向は3歳頃からみられます（文献6-8）。

たとえば、ある研究では、実験者Aが、実験者Bに対して、意地悪をします。実験者Bの持ち物を壊したり、写真を破いたりします。別の条件では、実験者Bが偶然に持ち物を落として壊したり、写真を破いてしまったりします。そこで実験者Aが、その持ち物や写真をなおすなどの親切な行為をします。第2章のマシュマロテストのところで紹介した、他者への信頼を操作する実験と類似しています。

これらに加えて、実験者Aが実験者Bと普通の会話をする中立条件を設け、それらの条件の後に、実験者Aに対して子どもが向社会的行動をするかどうかを調べました。

その結果、親切な条件と中立条件では、子どもは実験者Aに対して同じくらい向社会的行動をしたのに対して、意地悪条件では、二つの条件よりも著しく向社会的行動をしませんでした。

興味深いのは、親切な条件と中立条件では違いがないことです。基本的に子どもは他者に対して親切なのですが、意地悪な人、自分に親切にしてくれなさそうな人には、向社会的行動をしなくなる、ということを示しています。

また、こういう様子は、保育園などの現場でもみられるようです。保育園での子どものやりとりを観察した研究から、幼児が親切な幼児に対して、親切な行いをすることが報告されています（文献6-9）。

少しややこしいのですが、幼児Aが、幼児Bが幼児Cに親切にする（たとえば、手伝ったり、物を貸してあげたりする）のを目撃すると、幼児Cに親切にしていた幼児Bに対して親切な行いをしたり、肯定的な内容で話しかけるなど、親しみを込めた行動をするということです。

■評判を操作する

3歳くらいから、親切な人に対して親切な行いをし、そうではない人には親切な行いをしないということが示されました。子どもが自分の評判を気にし始めるのは、5歳か、もう少し後になってからのようです。

評判操作は、他者にみられているときと、みられていないときで、親切な行いをするかどうかという点で検討されます。たとえば、コンビニのレジにはたいてい募金箱がありますが、皆さんが募金をするときに、店員にみられているかどうかが影響するかもしれません。

最近、この評判操作に関する研究にもその再現性などを含めていろいろと議論はありますが、成人を対象にした研究から、他者にみられているときに親切な行為が増える傾向にあることは示されています。

子どもでは、他の子どもにみられているときに、シールを分配する量が増えたり、シールをとったりする量が減ったりするかが調べられています（文献6-10）。

この実験では、子どもはシールを渡されて、所定の位置にシールを貼るように指示されます。盗み課題では、子どもに渡されたシールが足りず、所定の位置にすべてシールを貼ることができません。子どもの横には、別の子ども用のシールがあり、それを盗めば、所定の位置にすべて貼ることができます。これを盗むかどうかが調べられます。

手助け課題では、子どもに渡されたシールは足りているのですが、別の子ども用のシールが足りず、その子どものために自分のシールを置いていくかが調べられました。

これらの課題を、実験者も部屋を出ていって一人で行う場合と、別のクラスにいる子どもにみられている場合で比較しました。その結果、盗み課題では、別の子どもにみられている場合、一人で行う場合よりも、シールを盗む子どもの割合は減りました。手助け課題は、統計的には差はないものの、別の子どもにみられている場合に、一人で行う場合よりも、シールを残していくことが示されました。

他の子どもにみられていると盗みが減るという結果は、5歳児が評判を気にしていることを示しています。

筆者らも類似した課題を行ったことがありますが、一人の場合と大人の実験者にみられている場合では違いがありませんでした。ただ、子どもの持つぬいぐるみにみられている場合は、一人の場合より多くのシールを持っていくという興味深い結果が出ています。ぬいぐるみと山分けする気かもしれません（文献6−11）。

■向社会的行動は青年期に一時的に減少する

児童期以降の向社会的行動の発達についてもみておきましょう。これまで述べてきたように、向社会的行動をする対象は年齢とともに変化しますが、小学校に入り、仲間とかかわる時間が増えると、向社会的行動をする機会自体は増えます。

そのため、かつては、年齢とともに向社会的行動の数は増えていくと考えられていました。ところが、同じ子どもの成長を追跡する最近の研究から、子どもの向社会的行動は一時的に減少し、その後に増加する傾向がある可能性が示されています。

国外の様々な研究をみてみると、10歳前後で向社会的行動が一時的に減少し、10代後半において増加に転じることが示されています（文献6−12）。

興味深いのは、誰に対する向社会的行動であるかによって、変化のパターンが異なる点です。読者の方には心当たりがあるかもしれませんが、家族に対する向社会的行動はどちらかと言うと減少しやすく、逆に友達に対する向社会的行動は増加しやすいようです。青年期は友人関係が最も重視されるので、この結果には納得がいくところです。

国内の研究では、小学校5年生から6年生、6年生から中学1年生の間に全体的な向社会的行動が減少し、中学2年生から3年生の間に増加する可能性が示されています。国外よりも増加に転じるタイミングは若干早いようです（文献6-13）。

対象別にみてみると、家族に対する向社会的行動は小学校5年生から6年生、6年生から中学1年生の間に減少したまま、中学3年生になっても増加に転じることがないようです。やはり自立が求められる青年期では、家族と衝突することが多いのでしょう。

友人や見知らぬ人に対する向社会的行動は、概ね同じで、小学校6年生から中学1年生の間に減少し、中学2年生から3年生の間に増加することが示されました。友人と見知らぬ人でタイミングが同じなのは興味深いですが、小学校から中学校に移行する際に友人も変わってくることから、この結果の解釈は慎重になる必要がありそうです。

いずれにしても、向社会的行動は青年期前後に減少するのです。これは、実行機能が特に感情面で低下するという結果とも一致していて、青年期にみられる心身や社会的関係性（家族が大事か、友人が大事か）の再編成を大きく反映していると思われます。

■向社会的行動の脳内メカニズム

本章の最後に、向社会的行動の脳内機構についてもみておきましょう。脳内機構の研究には膨大な量があるのですが、大人の研究から、外側前頭前野を含めた様々な領域が活動することが明らかになっています。

向社会的行動が生じるために必要な他者への共感だけみても、扁桃体《へんとうたい》など感情にかかわる脳領域、下前頭回《かぜんとうかい》などの他者の行為と自分の行為を関連させる脳領域、島皮質《とうひしつ》や前部帯状皮質など自律神経や身体の恒常性とかかわる脳領域がかかわっていますが、ここでは本書で重視する脳領域を中心にみていきます。

脳研究で用いられるテストも多岐にわたるのですが、様々な研究をまとめて分析するメタ分析をした研究では、他者に対して何の見返りもなく向社会的な選択をした場合、他者に対して見返りを求める戦略的な選択をした場合、および、自分を優先させる利己的な選択をした場合の脳活動を比較しました（文献6-14）。

その結果、楔前部《けつぜんぶ》や後部帯状皮質などの領域は、利己的な選択に比べて、向社会的な選択をした場合と戦略的な選択をした場合に強く活動するようです。これらの領域は、心の理論とかかわる領域とされており、自分のことしか考えない利己的な選択時に比べて、他の二つの選択をする際には他者の心を推測していると考えられます。

悩ましいのが、報酬系回路と外側前頭前野にかかわる結果です。このメタ分析では、向社会的な選択をした場合と戦略的な選択をした場合に、利己的な選択をした場合よりも、腹側線条体や内側前頭前野などを含めた報酬系回路が活動することが示されています。向社会的行動後に子どもが幸せそうな表情をすると先述しましたが、大人でも、他者に利益になる選択は、喜びになるようです。

ですが、研究によっては、報酬系回路が活動しなかったり、むしろ、利己的な選択をしたときに活動が高いというものもあったりするので、留意する必要があります。

同様に難しいのが外側前頭前野で、大人を対象にした研究では、利己的な行動をしたときにこの領域が活動するという研究と、向社会的な行動をしたときにこの領域が活動するという相反する研究が報告されています。

メタ分析の結果でも、外側前頭前野の中でも、一部は利己的な行動のときに活動し、別の領域は向社会的な行動のときに活動するということが示されています。

報酬系回路と外側前頭前野の結果を合わせて考えると、少しは理解しやすいかもしれません。第5章で紹介したように、報酬系回路はアクセルであり、外側前頭前野はブレーキだと考えることができます。

このとき、アクセルが「何に対して働くのか」という点が重要になってきます（文献6－15）。自分にとって魅力的なものを提示されたとき、それを得たいという気持ちが強くなります。給料日前のお金や空腹時の食べ物などが該当します。

この場合、利己的な選択に対して報酬系回路が働きます。そのため、向社会的な選択をするためには、この衝動性をブレーキで制御する必要があります。このような場合、利己的な選択には報酬系回路が働き、向社会的な選択には外側前頭前野が働きます。

次に、給料日後や満腹時のように、自分にとってそれほどお金や食べ物に価値がないような状況を考えてみます。このとき、報酬系回路は、むしろ向社会的な選択をしたときに活動します。

そして、利己的な選択をする場合には、このアクセルを抑えるために、外側前頭前野の働きが必要になってくるのです。

つまり、自分にとって価値があるのが利己的な選択の場合もあれば、向社会的な選択の場合もあり、その価値に従って行動する場合は報酬系回路が活動し、その行動を制御する場合には外側前頭前野が活動するという関係性がありそうです。

■前頭前野の発達と向社会的行動

では、子どもでは外側前頭前野はどのような役割を果たすでしょうか。まず、3歳以下では、外側前頭前野は、行動を制御する役割を持たないので、自分にとって価値がある行動がそのまま選択されることになります。

マーカーを拾う実験でみられるように子どもは親切な存在なので、向社会的な行動がそのまま選択されることもあります。

一方で、自分の利益がかかわってくる状況では、子どもは自分を優先してしまいます。たとえば、子どもにシールを4枚渡して、そのシールを自分で全部もらってもいいし、他の子どもに与えてもいいというような状況をつくります（文献6-16）。このようなテストでは、3歳の子どもは、平均して他者には0・5枚のシールしかあげられません。非常に利己的な行動を選択してしまいます。

5歳頃になると平均して他者に1枚あげることができるようになり、7～8歳になると平均して自分と他者に2枚ずつ平等に分配することができるようになります。

さらに、私たちの最近の研究では、このような状況においては、外側前頭前野が向社会的行動の発達につながっていることを示しています（文献6-17）。

この研究では、子どもがシールを得るためのトークン（お金みたいなもの）をどのように分配するかを調べました。具体的には、四つのトークンがあったときに、「自分が四つで相手は0」「自分が三つで相手が一つ」「自分が二つで相手も二つ」のどの選択をするかを問い、その際の脳活動を調べました。

その結果、「自分が四つで相手は0」「自分が三つで相手が一つ」の選択をした際には外側前頭前野は活動しなかったのに対して、「自分が二つで相手も二つ」の場合には外側前頭前野が活動しました。

つまり、トークンは欲しいけれどそれをがまんするような状況で、外側前頭前野が活動しているということになります。

まとめ

本章では、向社会的行動の発達についての基礎的な研究をみてきました。向社会的行動は、乳児期からその種がみられ、2歳から5～6歳頃までに著しく発達するようです。様々な欲求があるので、いつも向社会的にふるまえるわけではありませんが、子どもは非常に親切な存在です。

また、未来を考える能力が、向社会的行動の発達について重要であることもみてきました。未来を考え、相手が自分にも親切にしてくれるだろうと考えることで、向社会的行動がとりやすくなります。しかし、日常的に、相手が親切にしてくれなければ、向社会的行動には結びつきません。

第4章から第6章まで、未来に向かうための力とその発達についてみてきました。では、これらの力を育むためにはどうしたらいいでしょうか。第3部では、この点について考えていきます。

第3部

発達格差を是正する

第7章　子どもの能力の支援

第1部では、発達格差の実態をみてきました。子どものときに「今を生きる」子どもと「未来に向かう」子どもに分かれていき、それらが子どもたちの未来に影響することをみてきました。

第2部では、発達格差を生み出すと考えられる能力を紹介しました。一般に非認知能力と言われるものの実態を説明し、その中でも、子どもたちの未来とかかわると考えられる実行機能と向社会的行動の発達過程と、その根本にある他者への信頼について説明してきました。

第3部では、発達格差を是正するために、どのようなことができるかを考えていきたいと思います。特に、第7章では、子どもへの支援について紹介します。

■子どもをどう支援するか

ここまでで、実行機能や向社会的行動によって、未来に向かうことができる子どもと、未来よりも現在を選択する子どもに分かれている実態について説明してきました。これらの能力が子どもたちの未来を分けるのであれば、この能力を支援すればいいということになると思います。

しかし、話はそう単純ではありません。第2章で紹介したように、実際には、子どもは自分が置かれている環境に適応しようとしています。経済的な理由や、他者が信頼できない環境下においては、子どもは今を生きるという選択をせざるをえません。彼らが生きるためには、今を選ぶという選択が理にかなっているのです。

そうすると、そもそも実行機能や向社会的行動を高めてよいのかという点を考える必要があります。子どもを支援し、実行機能や向社会的行動を高めることによって、将来的には利益が得られるかもしれませんが、今を生きることが難しくなる可能性もあります。

実行機能を高めて目の前のご飯をがまんできるようになることで、むしろ生命が脅かされることもあるかもしれません。向社会的行動ができるようになることで、自分の状況を顧みずに他者を優先させてしまうのも困りものです。

つまり、支援しなければならないのは、子どもの能力だけではなく、周りの環境であるということになります。子どもが未来を選ぶ選択ができるようになったときに、その選択が報われるような環境を設計してあげることが必要になります。

それは、親を含めた他者への信頼が確保された環境であり、貧困などにあたらない十分な経済的余裕が担保された環境ということになります。

つまり、子どもの能力の支援と環境設計はセットで考える必要があります。

■支援には時間がかかる

では、環境設計ができれば、子どもの能力が支援できるかと言うと、それはまた別問題です。

近年、実行機能や向社会的行動の重要さを示す研究が集まるにつれて、このような能力を支援するための実践や教育プログラムを開発するような研究が世界中でなされています。以下で触れるように、筆者も実行機能を向上させるような教育プログラムの研究を国内で行っています。

個々の研究をみると、ある教育プログラムや実践の結果として、子どもの能力は向上するようにみえます。ところが、研究全体を見回すと、どうひいき目にみても、あまりうまくいっていません。

子どもは長い期間をかけて身の回りの環境に適応した結果、「今を生きる」ことになっています。それだけ長い時間の蓄積があるわけですから、そう簡単に「未来に向かう」選択をとるようにはなれません。

仮にうまく環境設計ができるようになったとしても、能力の支援は一朝一夕にはいかないというところは留意したいと思います。

こういうことをここで述べるのは、世界中の研究者が、子どもたちの能力を支援するために努力しているにもかかわらず、困難に直面しているという現状がある一方で、非常に安易に子どもの非認知能力を鍛えられる、子どもの能力を高められるといった能力開発教室、教育プログラム、ドリル、書籍、ウェブ記事などが後を絶たないからです。それらの多くは、根拠がないとみなしてよいでしょう。

もちろん、だからと言って、子どもの能力が支援できないというわけではないですし、しても無駄だということではありません。難しさはあるけれども、子どもの能力を支援するために、どういう点に留意したらいいか、以下でみていきたいと思います。

■基本は、他者への信頼を育む

第1部や第2部でみてきたように、発達格差は実行機能や向社会的行動として表れてきますが、その根本にあるのは、他者に対する信頼でした。

そして、他者を信頼するためには、最初の他者である養育者との関係が重要です。もちろん、親がいない子どももいるので、親を含めた、子どものことを責任を持って面倒をみる養育者との関係ということになります。

養育者との関係が破綻していた場合、未来に向かうことは著しく困難になります。そのため、養育者が子どもに対して安全、安心の場を提供できるような関係をしっかりと構築する必要があります。

この点に関して、最も基本的でありながら重要なことは、身体的・心理的な虐待やネグレクトを避けることです。

養育者が暴力や暴言などで子どもを攻撃した場合は、子どもがその養育者を信頼できないことは言うまでもありません。また、ネグレクトのように、全く関係を構築しない場合にも、子どもは安心感・安全感を抱くことができず、やはり養育者を信頼することは難しいでしょう。

虐待やネグレクトと並んで子どもへのダメージが大きいのが、養育者が抑うつや統合失調症などの精神的な問題を抱えている場合です。特に、出産直後にみられるような産後うつは決して特別なケースではなく、これによって養育者は子育てすることが難しくなるだけでなく、養育者が自ら命を絶ってしまうケースもあります。

抑うつや極度の不安などを持った養育者が、子どもに安心・安全の場を提供することは容易ではありません。子どもだけではなく、養育者のサポートも重要な課題になってきます。

■親のかかわりの重要性

虐待やネグレクトなどの極端なケースにならないまでも、子どもとのかかわり方に悩みを抱える親は少なくありません。自分が受けた養育に何らかの問題があった場合に、その傾向は強いようです。

たとえば、第1章でも紹介したダニーデンの縦断研究からは、女性に限り、子育てが世代間で伝達することが示されています（文献7-1）。

この研究では、子どもが3～15歳の間に、その親がどのような子育てをしているかを調べました。そして、子どもが大人になって、親になったときに、自分の子どもに対してどのような子育てをしたのかを調べたのです。

その結果、女性の参加者は、母親の子育ての影響を受ける可能性が示されています。たとえば、女性の参加者の母親が3～5歳期に厳しすぎない柔軟な子育てをした場合、女性の参加者が親になったときに、子どもに対して肯定的な子育てをする傾向があることが示されました。

3～5歳のときが特別大事というわけではなく、7～9歳のときや13～15歳のときの母親の子育ての影響もみられています。

一方、男性については、親の影響はみられていません。これは、男性の父親が子育てにあまり協力していなかったからなのか、男性では世代間伝達が起きないのか、現時点では不明ですが、女性にのみ世代間伝達がみられるようです。

このような結果から、自分が適切な養育を受けなかった場合、親になったときに子育てに苦労する可能性があります。そして、その結果として、子どもが親や他者に対して、信頼を示せないということが起こりうるのです。

■敏感さの重要性

それでは、養育者が子どもと安定した関係を築くために必要な、適切な養育とはどのようなものでしょうか。この点に関しては、様々な研究がなされているのですが、養育者と子どもの関係が構築される赤ちゃんの時期において一貫して重要であることが示されているのは、養育者の敏感さです（文献7-2）。

ここでの敏感さとは、養育者が、子どもの視点に立ち、子どもの出す何らかのサインに気づき、正しく解釈し、適切に反応することを指します。

たとえば、赤ちゃんが泣いたとします。自分の意思表示がまだ十分にできない赤ちゃんは、泣くことによって自分を表現します。それは、空腹のサインかもしれませんし、おしっこをしてしまい、不快になってしまったことのサインかもしれません。

このようなサインに養育者が気づくことができるかどうか、赤ちゃんが何を伝えようとしているのか、そのときにどのように対応したらいいのか、ということが敏感さです。

空腹の場合であれば、敏感な養育者は、赤ちゃんの泣きを感知すると、時間的にお腹が空いたのかと見当をつけ、赤ちゃんの気持ちを代弁し（お腹空いたのよね、など）、母乳やミルクを与えることで対応することができます。

一方、敏感ではない養育者は、赤ちゃんの泣きを感知しなかったり、感知したとしてもその意味について解釈することができなかったりして、正しく対応できません。

子どもの出すサインに敏感に反応する養育者は、子どもとの間に安定した関係性を築きやすい一方、子どものサインに敏感ではない養育者は、子どもと安定した関係性を築きにくいことが示されています。

もちろん、実際の育児場面では、乳児の出すサインは必ずしもわかりやすいものばかりではありません。泣いたとしても、空腹でもおしっこでもなく、抱っこしても泣き止まないというのはよくみられる光景です。

実際には子どもの出すサインにすべて反応することは難しいので、3割くらいに反応すればよいのではないかとも言われています。

敏感さ以外にも、養育者側の様々な行動が、子どもが赤ちゃんの時期に安定したアタッチメントを形成するために重要です。そして、これが他者への信頼につながっていきます。

■足場づくり――自発性の支援

次に、実行機能や向社会的行動が発達する幼児期の子育てについてみていきましょう。実行機能や向社会的行動を育むうえで大事とされるのが、足場づくりです（文献7-3）。足場づくりとは、子どもが自分でできないことを、親を含めた周りの他者が少しだけ支援することです。

もっとも、同じ足場づくりと言っても、実行機能と向社会的行動では、多少異なります。実行機能を育むために必要な足場づくりとは、自分で目標を達成するための支えです。実行機能とは、自ら立てた目標に向かって、行動をコントロールする力です。何より大事なのが、自発的な行動という部分です。親に言われたり、教師に言われたりしたからやるのではなくて、自らやる、その部分が必要となります。

だとすると、親がいちいち口をはさんで先回りしてしまうと、子どもの自発性は育まれないでしょう。もちろん、親がついつい口を出してしまうのも仕方がないことではありますが……。

研究では、子どもがうまくパズルができない状況で、親が子どもにどのようにかかわるのかを調べます。ある親は、子どもがパズルをできないのがもどかしくて、自分が実演してみせるかもしれませんし、別の親はほんの少しだけヒントを与えて、子どもが自分でできるように支援するでしょう。前者は過干渉であり、後者が足場づくりです。後者が実行機能を発達させることが示されています。

向社会的行動にも、自発性は大事です。誰からもお願いされていないのに、自発的に親切なことを行うのが向社会的行動だからです。

ただ、向社会的行動については、実行機能で必要とされるもの以外の側面でも、足場づくりが必要です。たとえば、第6章で紹介したように、2歳以下の子どもでも、他者が落としたマーカーを自発的に拾ったりすることができます。この課題は、比較的他者の助けが必要であることが明確だったので、自発的に助けることができました。ですが、他者の助けが必要であるかわかりにくかったり、課題が複雑だったりする場合には、助けが必要だという何らかのメッセージが必要であることが示されています。

親は、こういった複雑な状況の中で、子どもがどこに注目したらよいか、それをどう伝えるかといったことについて、子どもを支援する必要があります。ある研究では、18か月児は具体的な内容まで言わないと助けられない（「布をとって」と伝える）のに対して、24か月児はもう少し抽象的な内容（「助けて」と伝える）を言うだけでもいいことが示されています（文献7-4）。

■親の温かさが子どもに影響する

また、他者の信頼だけではなく、向社会的行動に特に大事だとされているのが、親の温かさです。ここで言う温かさとは、子どもへの愛情と支援のことです。やはり向社会的な行動の根底には、他者に対する共感や同情があるので、親が温かさを持って子どもと接することで、それらが育まれ、子どもの向社会的行動の発達につながるのでしょう。

カナダの研究では、親の温かさと幼児の向社会的行動の間に関連があるかを調べました（文献7-5）。この研究では、母親と父親を対象に、質問紙で温かさを調べています。たとえば、「あなたが温かい声で子どもに声をかける頻度は？」などの質問を与えられます。また、子どもがどの程度、向社会的行動をするかも聞いています。

その結果、母親、父親双方の温かさが、後の子どもの向社会的行動と関連していることが示されました。ただし、その影響力は小さなものであることにも留意する必要があります。

多くの研究が母親の影響は示しているものの、父親の影響を示したものはほとんどありません。今回の研究では母親の温かさと父親の温かさはそれほど強く関係していないので、父親の影響力が弱いながらもあったと考えられます。筆者自身、父親ですので、父親の影響もあるという点はよかったなと思います。

この研究では、逆の方向性――子どもの向社会的行動が両親の温かさに影響する可能性もあるので、その方向性も検討しましたが、こちらの影響は認められませんでした。

一方、8か国の小学生以上を対象にした研究では、むしろ、子どもの向社会的行動が両親の温かさに影響することも示されています（文献7-6）。

筆者らも国内で母親の温かさと子どもの向社会的行動の関連を検討したのですが、関係は認められませんでした。向社会的行動の測定方法の違いや、全体的に温かさが高かったことが起因しているかもしれません。

まとめると、子どもが幼い頃は、両親の温かさが子どもに影響を与え、向社会的行動を育むものの、その後は、子どもの向社会的行動に親がほっこりするような、そういう関係性が認められます。

■親の権威は大事

具体的な子育て方法を少し離れて、育児態度（のようなもの）についても触れておきましょう。実行機能にしても、向社会的行動にしても、親の権威は大事なようです。心理学でよくみられる養育態度の分類として、心理学者ダイアナ・バウムリンドが提唱した「権威的」「権威主義的」「許容的」の三つがあります。

ごく簡単に言うと、先述の温かさや子どもの欲求への敏感さを含む応答性という側面と、親が子どもを管理・統制する側面から養育態度を分類します。

応答性は、「子どもが一人で遊んでいて、退屈そうだなと思ったとき、加わって一緒に遊ぶ」などの質問で調べ、管理・統制は、「図書館や映画館など静かにしなければならない場所では、子どもを静かにさせる」などの質問で調べます。

応答性が高く、管理・統制も高いのが「権威的」な養育態度で、応答性が低く、管理・統制が高いのが「権威主義的」な養育態度です。応答性が高く、管理・統制が低いと、「許容的」な養育態度となります。権威的と権威主義的は名前が似通っていますが、応答性があるかどうかで違いがあるのです。

国内外の研究から、子どもの健全な発達に寄与するのは、「権威的」な養育態度であることが報告されています。温かさは大事なのですが、温かいだけで子どもを導けないのもダメなようです。

一方で、親の権威は大事なのですが、権威ばかり重視して厳しすぎて、子どもに温かさを示せないのもダメなようです（権威主義的な養育態度）。温かさと厳しさの両方がバランスよく揃っていることが大事なのです。

実行機能については、母親が権威的な養育態度であると、権威主義的な場合や許容的な場合よりも、子どもの実行機能が高い傾向にあることが国内の研究からも報告されています（文献7-7）。ただ、父親の態度はあまり影響を及ぼさないようです。筆者らの研究でも、親が管理的・統制的な傾向が強いと、実行機能の課題の成績が良いことを示しています。

権威的な養育態度は子どもの向社会的行動の発達も促進するようです。これにはいくつかの経路があり、一つは、先述したとおり、温かさなどによって子どもの向社会的行動を直接的に促進させるものです。二つ目の経路は、実行機能を介した間接経路です。権威的な養育態度が子どもの実行機能の発達を促進させることで、子どもがネガティブ情動を制御できるようになり、向社会的行動をとりやすくなることが示されています。

権威があるということは、子どもが親を敬い、信頼するということでもあります。マシュマロテストでも他者への信頼が大事でしたが、信頼できる親のもとで子どもの発達が促進するのです。

■ご褒美と罰は逆効果

ここまで述べたように、親の権威はとても大事です。ですが、その権威の示し方が、ご褒美や罰のようなものに頼っていると逆効果になることもあります。

ご褒美については、向社会的行動に悪影響となることが示されています。第6章でも紹介したように、1歳半くらいの子どもは非常に親切で、見知らぬ人であっても進んで手伝ったり助けたりします。そして、子どもはこのこと自体を楽しんでおり、ご褒美のために行うわけではありません。

ところが、子どもが向社会的行動をした後に物質的なご褒美（玩具など）を与えると、次の機会には、子どもは自ら進んで手伝わなくなります（文献7-8）。次からは、ご褒美をもらえないとやらなくなってしまうのです。

ご褒美による影響は、小学生を対象にした研究でも認められています。ご褒美をあげるとそのときは他者を手助けしやすくなるのですが、次の機会にご褒美をもらえないと、以後、手助けをしなくなってしまいます。

どちらの研究でも、物質的なご褒美を与えることが問題のようで、親が子どもの行動を褒めることは問題ないようです。褒めることは、親が温もりを示し、子どもとの良好な関係を築くために必要です。

また、罰については、子育ての中で、子どもに罰を与える必要がある状況もあるでしょう。しかしながら、虐待はもちろんのこと、体罰などの暴力は、子どもの発達全般に悪影響となることが示されています。

実行機能や向社会的行動について、体罰などの暴力は子どもの問題行動の増加につながることや、共感性の低下につながることが示されています。

筆者は、様々な講演や研修で、様々な方々を対象に子どもの発達についてのお話をさせていただくことがあります。その際に、体罰や暴力は子どもの発達に悪影響なので絶対やめてください、ということをお伝えするようにしています。

ところが、その後に歓談をしていると、自分は親に殴られて育った、だから今の自分がある、子どもは手を上げないとわからない、などとまくしたててくる人が少なくありません。これはほとんどが男性で、社会的な地位を築き上げた自負がある人によくみられます。

私たち人間は、個人的な経験を過剰に一般化しがちで、こういう方を、データなどを基に説得することは容易ではありません。ですが、子育てや教育などについてはこういう誤りをする方が少なくありません。

自分がたまたま、暴力を受けても負の影響がなかったからと言って、それを自分の子どもや次世代の子どもに当てはめてはいけません。この点は強調したいと思います。

■きょうだいや友達の影響

子どもにとって、乳児期は親子関係が中心です。これは、タテの関係と言えるでしょう。ところが、幼児期に入ると、親子以外の関係が重要になってきます。

代表的なものが、ナナメやヨコの関係です。ナナメとは、きょうだい関係です。一人っ子の子どもも珍しくないので、すべての子どもがナナメの関係を持つわけではありませんが、きょうだいは一緒に過ごす時間が長いので、子どもに与える影響はあると考えられます。

ただし、その影響は、良い方向も悪い方向もありえます。特に向社会的行動に関して言えば、姉や兄が親切であれば、その行為をみている下の子どもも親切になりますし、姉や兄が不親切だったり攻撃的だったりすれば、その影響があります（文献6-1）。

また、家庭がどのくらいかかわれるかは難しいところですが、ヨコの関係である友達の存在も、特に向社会的行動の発達について重要であることが示されています。

第6章でも述べたように、子どもは幼児期頃から、親切にする相手を選びます。親切にしてくれそうな相手には親切に、親切にしてくれなさそうな相手には親切にしなくなります。

その結果として、親切な子どもは、親切な子ども同士で仲が良くなります。自分が親切な行為をすれば、相手も親切な行為をしてくれる。そのお返しにまた自分も親切な行為をして、というふうに、親切なやりとりが続き、維持されます。

そうすると、親切な子どもは、より親切になっていきます。親切にすることが良い結果を生み出すわけですから、より親切になっていくのは当然です。一方、親切ではない子どもは、そうではない子どもと近づきますが、そこでは親切の連鎖は起こりません。結果として、親切な行為をすることはなくなっていきます。

■スマホ脳は本当か?

親やきょうだいとの関係を離れて、生活習慣についてみていきましょう。まずはメディア視聴についてです。メディアと子どもの発達と言えば、ネガティブな印象があると思います。テレビについては、社会評論家の大宅壮一《おおやそういち》氏によるテレビが人間の思考力を奪う旨《むね》の言葉がありますし、ラジオであれ、テレビであれ、新しい種のメディアが登場するときに、私たちの思考や認識に悪影響を与えるという懸念を持った旧世代は、いつの時代にもいるものです。

現代では、スマートフォンやタブレットPCを含めたデジタルメディアについて、「スマホ育児」「スマホ脳」などの言葉がみられるように、例のごとく旧世代が思い込みに従って新しいメディアの使用を攻撃しています。

しかしながら、この問題は、データに基づいて議論をしなければなりません。デジタルメディアに関しては、いくつか子どもへの悪影響を示すデータもありますが、通常の使用範囲内であればほとんど影響がないというデータも少なくありません。

筆者個人としては、視力や両眼視への悪影響と、依存性、および、デジタルメディアを使用することで通常の親子の会話やかかわりが減ってしまうことを懸念しています。これらを意識して使用するのであれば、現時点では著しい悪影響があるとまでは言えないところです。

一方、テレビを含めた旧来のメディアを対象にした研究では、影響力は弱いながらも、メディア視聴は子どもの発達に影響を及ぼすようです。実行機能に関しては、子どもがみたい番組を2時間以内でみる分には問題はないようですが、誰もみていないテレビがついている時間（背景テレビ）は悪影響の可能性があります。

実際、1歳時点の背景テレビの時間が長いと、4歳時点における思考の実行機能の成績が低いようです。背景テレビによって子どもは自分の活動に集中できないのが理由だと考えられます（文献7-9）。

また、齧歯《げっし》類を対象にした研究により、テレビ視聴時に視覚的・聴覚的に速い情報が次々と提示され、それによって注意力が妨げられるという報告もあります（文献7-10）。人間を対象にした研究では同様の効果は確認されていませんが、あまりに長い時間、乳児期などにみせ続けると同様の影響がみられる可能性は否定できません。

メディアの影響については、長さよりも内容のほうが重要かもしれません。実行機能については、ファンタジーを含む内容が影響するようです。具体的には、『スポンジ・ボブ』などを視聴した後に思考の実行機能の課題を実施すると、教育番組を視聴した後に比べて、思考の実行機能の成績が低下することが示されています（文献7−11）。

この理由としては、『スポンジ・ボブ』のようなファンタジーを含む内容は、現実世界で起きることと異なることが生じるために、視聴時により多くの注意力が必要となり、そのため、視聴後の実行機能の成績が悪くなると説明されています。

ただし、筆者らが同様の研究を実施したところ、ファンタジーを含む内容を視聴しても同様の影響は出ませんでした。影響はあるのかもしれませんが、それほど強いものではなさそうです。

■向社会的なメディア

メディアの内容と言えば、心理学の研究で対象となってきたのは、暴力描写でした。映画でもR15＋など、映画の内容によっては15歳以上しかみられないものもあります。これらは、暴力描写をみると子どもの暴力行動が増えることを、心理学が示してきたためです。

向社会的な行動と対置されるのが攻撃行動なので、攻撃的な内容を含むコンテンツは、向社会的行動にも影響があると言えるかもしれません。一方で、向社会的なコンテンツを視聴すると、子どもの向社会的行動は増えることも示されています。

向社会的なコンテンツとしてよく挙げられるのが、ディズニーのコンテンツです。たとえば、『トイ・ストーリー』では、カウボーイ人形のウッディ・プライドと宇宙ヒーローのバズ・ライトイヤーを中心に、様々な玩具たちが協力して問題を解決する様子が描かれています。

日本でも、2020年にヒットした『鬼滅の刃』では、主人公の竈門炭治郎《かまどたんじろう》が仲間だけではなく敵にすらみせる共感、思いやり、親切な行為などで、日本中を沸かせました。子どもが好きな内容には、暴力も少なくありませんが、向社会的な内容も多分に含まれています。

子どもから大人に至るまで、幅広い対象を扱ったメタ分析によると、向社会的なコンテンツは、向社会的行動を増やし、共感性を高め、攻撃的な行動を減らすことが示されています。特に、10歳以下の子どもと、18〜25歳でその効果が強いようです（文献7-12）。

面白いのは、誰に対して向社会的行動をするかという点です。向社会的なコンテンツを視聴することで、家族や友人に対しての向社会的行動は増えず、見知らぬ人への向社会的行動が増えるようです。家族や友人に対してはそもそも向社会的行動が多いですし、個々の関係性に影響を受けるからではないかと指摘されています。

これらの結果から、メディア視聴が子どもの発達に一概に悪いとは言えないことがおわかりいただけるかと思います。

■睡眠も大きく関係する？

次に、睡眠についてみていきましょう。睡眠は健康的な生活を送るための基本です。睡眠不足は、肥満、抑うつ、不安、学力不振などと深く関連しており、子どもが発達するうえでも重要な役割を果たしています。

まず、実行機能についてみていきましょう。睡眠は実行機能の発達と関連していることが示されています。アメリカの研究では、1歳時点における乳児の睡眠の質と、後の実行機能の関連を調べました。その結果、昼寝を含めた子どもの1日の睡眠時間の長さは実行機能と関係しなかったのですが、夜の睡眠時間は実行機能と関連しました。夜に寝ることが大事なようです（文献7-13）。

国内の研究でも、平日の睡眠習慣と実行機能が関連していることが示されています。この研究では、6~7歳の子どもを持つ保護者に、平日の就寝時刻が規則的か不規則かを尋ね、規則的な子どもと不規則な子どもに分類しました。そして、これらの子どもが、第1章で説明した「強さと困難さのアンケート」でみられる行動に違いがあるかを調べました。

その結果、睡眠習慣が不規則な子どもは、規則的な子どもよりも、多動傾向であり、友達との問題が多いと報告されています（文献7-14）。

このような結果について、体内時計に乱れが生じたり、睡眠の質が低下したりするからではないかと考察されています。平日と休日の睡眠リズムの違いを社会的時差ボケと言ったりしますが、これも問題行動の増加と関連することが指摘されています。

睡眠習慣の乱れが問題行動の原因であるのか、それとも、睡眠習慣の乱れと問題行動の両方にかかわる要因があるのかは現時点ではわかりませんが、睡眠を含めた生活習慣に実行機能がかかわっていることはありえそうです。

一方、これらの研究では、睡眠の習慣と向社会的行動については強い関連は認められていません。筆者らのデータでも、平日の睡眠時間と向社会的行動の間にはほとんど関係が認められていません。

睡眠と向社会的行動の関連を示すデータもいくつか見当たりますが、その関係は強くないようです。睡眠不足は集中力などとかかわる実行機能に影響するようです。

まとめ

第7章では、子どもが未来に向かうために、どのような支援が可能かについて考えてきました。最も重要なのは、親と子どもの関係で、親の敏感さなどによって親と子どもの間に安定した関係が築かれる場合、他者に対する信頼が獲得されやすくなります。

　また、実行機能や向社会的行動などの未来に向かうための能力についても、やはり子育ての影響は大きそうです。足場づくりや温かさ、養育態度、生活習慣などが、これらの能力の発達の個人差を生み出すようです。

第8章

環境設計の支援

第7章では、発達格差を是正するために、子どもの能力をいかにして支援することが可能であるかをみてきました。ですが、子どもの能力だけを高めようとしても、子どもの環境設計を考えなければ意味がありません。本章では、子どもを支援するための環境設計として何ができるのかを考えていきたいと思います。

■現場支援の実例

現在、筆者は大阪府の家庭支援事業に携わっています。実行機能や向社会的行動を「未来に向かう力」と名づけ、この力の発達を支援するために何ができるかについて大阪府の担当者の方々からお話をうかがい、具体的な実施についての助言をしています。

本書で詳しくみてきたように、現在、未来に向かう力には大きな格差が生じています。その原因として、貧困などの経済的な問題や親子関係などが考えられますが、本事業が家庭支援事業であることからもわかるとおり、まず支援するべきは「子どもの親」です。

その中で最優先すべきは、未来に向かう力について知ってもらうことです。子どものどのような力が、どのように子どもの未来につながるのか。そのために、子どもにどのようなかかわりが必要なのか。

親はもちろんのこと、祖父母や親戚、および、子どもにかかわる仕事についている人に、このようなことを知ってもらうことから始めています。

具体的な試みとしては、月並みではありますが、リーフレットの作成や、研修や市民講座などで未来に向かう力の大事さを伝える機会を設けています。

リーフレットについては、保育の研究をされている先生、および、大阪府の幼稚園、保育園、子ども園の園長と一緒に、科学的な知見と実践的な意味合いやわかりやすさを考慮して作成しました。ウェブでもみることができます。「大阪府　未来に向かう力」で検索してみてください。

また、大阪府を始め、様々な自治体が企画した研究や市民講座に呼んでいただき、本書に書いてあるようなお話をさせていただいています。２０２０年は新型コロナウイルスの影響で中止になったり、オンライン開催になったりしましたが、どの講座も多くの方が熱心に聞いてくださっており、アンケート結果などからも、関心の高さがうかがえます。

■本当に届けたい相手に届いているか

こういったリーフレットや研修・市民講座にも一定の意味合いがあると思いつつも、その一方で難しさも痛感するようになりました。

最大の問題は、こういった話を届けたい相手に届いていないのではないかという点です。

リーフレットをしっかりと読んでくださったり、研修や市民講座に来てくださったりする方は、もともと子どもに対する関心が高い方、子育ての意識が高い方が多いのです。

そして、そういう方は経済的に余裕があり、温かい子育てをしており、子どもの力を伸ばしたいと思っているので、「未来に向かう」子どもを育てられる可能性が高いように感じています。

もちろん、そうした方々にも、未来に向かう力について知っていただきたいですし、筆者らの話で役立つ部分があれば、それを子育てに取り入れていただきたいものです。ただ、未来に向かう力を伸ばすために必要なことは、親と子どもの間の基本的な関係を形成する点が核心にあります。意識の高い方々は、既にこういうことができています。

問題は、リーフレットを手にとる時間がなかったり、研修や市民講座に来る時間がなかったりする方々に、筆者らの話を届けることです。研修や市民講座はわざわざ役所やホールに来てもらわなければいけないというところが難点です。日常生活の中でどうやって届けるかを考える必要がありそうです。

もちろん、研修や市民講座などに来られない方々の子どもが、「今を生きる」子どもだと決めつけているわけではありません。ただ、多くの研究から明らかになっているのは、貧困や虐待などで不利な環境にある子どもほど、支援や訓練の効果が大きいという点です。そして、そういう子どもの親は、リーフレットを読んだり研修や市民講座に来たりする余裕はないのではないかということなのです。

筆者としては、リーフレットを読んだり、研修や市民講座に来てくれたりした人が、その内容を他の親の方に伝えていただければと考えています。実際、大阪府にも、「親学習リーダー」などの事業があり、研修で受けた内容を他の方々に伝えるシステムがあります。こういった地域のネットワークを通じて、子どもを支援できればと考えています。

これは、第3章で紹介した生態学的理論の考えに通じるものです。子どもに直接関係する人だけではなく、子どもに間接的なかかわりをする人に、本書で触れたような内容を届けて、子どもを包括的に支援するということになります。

その際に、できるだけわかりやすいものが必要とされると思います。先述のリーフレットでは、大阪府の幼稚園・保育園・子ども園の先生方にご協力いただき、わかりやすいものに仕上がっていると思うのですが、それでも難解な部分はあると思いますし、一読して消化するには分量が多いということもあります。

本書も、できるだけわかりやすくという思いもありながら、特に第4～6章は専門的な内容にならざるをえません。

ただ、わかりやすさだけを優先すると、第4章の「非認知能力」のところでも紹介したように、疑似科学になってしまいます。実際、市民講座などの中には、自称専門家の方が「非認知能力」について自身の体験・子育て実践を過剰に一般化したり、わかりやすい一部の研究成果のみ取り上げたりしていることもあるようです。

地域のネットワークでは、こういう話も広がっていくことも懸念されるので、内容の正確さとわかりやすさのバランスについて苦慮しています。

■幼稚園・保育園・子ども園の重要性

そういう中で、特に幼児期の子どもを支援するために筆者が最も重要だと考えるのは、幼稚園・保育園・子ども園の先生方です。昨今伝えられているように、特に保育士の方々の職場環境や賃金には問題がある場合もあり、加えて新型コロナウイルスの影響でさらなる負担が増している中で、これ以上の責任を押し付けるのは申し訳ないと思いながらも、園の役割は三つの意味で非常に重要だと考えています。

一つは、幼稚園教諭や保育士の先生方は、子どもたちのことを知る専門家であり、保護者の方と直接接することもできる存在だからです。子どもの発達や子どもへのかかわり方を理解されている幼稚園教諭や保育士の先生方は、怪しい疑似科学の話を妄信することなく、必要な情報を、必要な部分だけ保護者の方に伝えることも可能です。

実際、筆者は幼稚園や保育園の研修に呼ばれることも少なくないのですが、現場の先生方から、いろいろなお話を聞かせてもらいます。子どもの問題行動への対処はもちろんのこと、保護者と子どものかかわりについて悩んでいる先生もおられ、助言をすることもあります。既にがんばっていただいていることを痛感しています。

二つ目の重要性として、園では子どもの能力を直接的に支援できる可能性がある点です。具体的には次節以降でみていきますが、様々な教育プログラムによって、実行機能や向社会的行動を伸ばすことができます。

最後に、三つ目の重要性として、子どもの能力だけではなく、環境設計という点でも園は役割を果たします。園は経済的な問題には関与できないものの、信頼できる環境づくりという点で一役買います。

第2章で紹介してきたように、マシュマロテストでは、他者への信頼が大事です。他者を信頼できればがまんできますし、親切にすることもできます。ただ、様々な事情で親が信頼できない場合がみられます。

このような場合に、幼稚園教諭や保育士は、子どもにとって信頼できる対象になりうるのです。この点も、この後に詳しく説明します。

実際、二つ目と三つ目の重要性を示す経済学的な分析があります。この分析は、日本の子どもを対象に、そもそも幼稚園もしくは保育園に通うこと自体が、子どもの未来に向かう力に影響を及ぼす可能性を示しています（文献8-1）。

特に、母親の学歴が低い家庭は、幼稚園や保育園に通うと、通わない場合に比べて、子どもの多動性や攻撃性が減少する可能性が示されています。このような影響は、母親の学歴が高い家庭では認められませんでした。

この分析における母親の学歴が低い家庭には、本書で言うところの「今を生きる」子どもも含まれていると思われます。

そういった子どもこそが、園に通うことで最も利益を得られるのです。

この理由としては、幼稚園や保育園の教育プログラムで能力自体が伸びたということもあるでしょうし、園の先生を通して他者への信頼が増し、実行機能や向社会的行動に良い影響があったためだとも考えられます。

■子どもを支援する教育的プログラム

子どもを支援するための教育プログラムとして、モンテッソーリ教育や保育園・幼稚園を対象としたカリキュラム「心の道具プログラム」などの全体的な教育プログラムのほかに、瞑想《めいそう》、音楽、遊び、劇などの活動があります。個別の活動の具体的な内容については前著

『自分をコントロールする力　非認知スキルの心理学』に詳しく書いたので、本書では、もう少しマクロな視点でこれらのプログラムについてみていきたいと思います。

音楽やごっこ遊びなどの活動は、実行機能を高めることがいくつかの研究で示されています。ですが、これらの活動がなぜ実行機能を高めることができるのかについては、子どもが楽しめて、実行機能を必要とされる活動だという大雑把な説明がある程度で、詳細な説明がなされていません。

繰り返し述べているように、実行機能や向社会的行動には自発性が必要となります。そこで、筆者らは、自発性に焦点を当てた音楽活動や劇の効果を検証しました（文献8−2）。研究では、自発性を必要とする音楽活動をするグループ、劇をするグループ、および、通常の保育（音楽活動を含む）のグループの三つのグループを比較しました。

それぞれのグループの子どもにまず実行機能の課題を与え、プログラム前の成績を測定します。そして、2か月にわたって、音楽活動、劇、通常の保育をしてもらい、その後に再び実行機能の課題を与え、プログラム前後でどの程度変化があったかを調べました。

音楽活動は、ドイツの音楽家カール・オルフが考案した「オルフ・シュールヴェルク」というものです。様々な特徴のある音楽活動ですが、特に、表現重視で、自由に、創造的に、即興で楽しむという特徴があります。

劇のほうは、イギリスのキース・ジョンストンがパイオニアである「インプロ」というものです。インプロは、即興演劇のことで、脚本も役もなく、その場で出てきたアイディアをふくらまして物語をつくっていくものです。

どちらのプログラムにも、即興性や自発性という特徴があります。こういうプログラムは、教師に言われてやるのではなく、子ども自身で考え、自ら活動を生み出すことが必要となります。自ら目標を達成する実行機能に有用ではないかと考えました。

その結果、音楽活動も、劇活動も、通常の保育のグループよりも、思考の実行機能の発達が促進されることが示されました。新型コロナウイルスの影響もあり長期的な効果は検討できていないのですが、少なくとも短期的には、自発的な活動に取り組むことで、実行機能が促進されることが示されました。

■内容よりも、関係性？

筆者らの研究を含め、教育プログラムの効果を報告している研究は少なくありません。しかしながら、大事なことは、プログラムの内容そのもの以外のところにあるかもしれません。

2000年代に、モンテッソーリ教育と心の道具プログラムという二つのプログラムが、子どもの実行機能や向社会的行動を改善させるという研究が報告され、世界中の関心事になりました。

モンテッソーリ教育はイタリア人の医学博士であるマリア・モンテッソーリが提唱した教育方法で、独特の教具を用いて、子どもの自主性を重視する教育を行います。教師や親などに外発的に動機付けられるのではなく、子ども自身で考え、決断することが推奨されます。実行機能や向社会的行動を育むにはよさそうな教育方法です。

ですが、実際にはモンテッソーリ教育の影響をみた研究は少なく、現時点では同じグループがいくつかの論文を出しているにすぎません。このグループの研究によると、くじによってランダムにモンテッソーリ教育を受けるグループと通常の教育を受けるグループに分けて、その子どもたちの実行機能を比較すると、モンテッソーリ教育を受けたグループのほうが思考の実行機能が高いものの、感情の実行機能には差がないことが報告されています（文献8-3）。

同じグループが縦断的な研究を行ったところ、モンテッソーリ教育を受けた子どもは、そうではない子どもよりも、学力や心の理論は成長の速度が速いことが示されています。一方、実行機能についてはそれほど大きな違いがみられていません（文献8-4）。

私たちのグループも、国内のモンテッソーリ教育を受けた子どもとそうではない子どもを比較すると、3～4歳の子どもでは、実行機能課題の成績に違いがみられたのに対して、5～6歳の子どもではみられませんでした。本来、モンテッソーリ教育を受ける期間が長いほど実行機能の差がみられるはずなので、必ずしもモンテッソーリ教育の効果がみられたわけではないという結果です。

同様に、心の道具プログラムも、当初は実行機能を高めるという報告が出たものの、この結果を受けて、このプログラムを多くのクラスに取り入れて評価した研究によると、必ずしも当初と同じ結果が出ていません。

心の道具プログラムは、子どもたちが道具を使うことで、実行機能や読み書き能力を高めようとします。特に心理的な道具の重要性を指摘しており、独り言などの言葉や劇、遊びなどのことを指します（文献8-5）。

2007年の研究では、このプログラムを受けた子どもは、受けていない子どもよりも、実行機能が高いことが報告されました。ところが、2021年に発表された研究では、32のクラスに心の道具プログラム、28のクラスに通常の教育プログラムを行いました。その結果、実行機能や学力で何らかの違いは認められなかったと報告されています（文献8-6）。

むしろ実行機能などにとって大事だったのは、クラスの情動的な雰囲気や先生の指示の仕方でした。先生のポジティブな声色とか、子どもがお互いに承認し合うかどうか、先生の指示が上手か、などが実行機能などとかかわっていることが示されています。

こういう結果をみると、特定のプログラムが大事というよりは、教師や保育士と子どもとの関係性や、クラスの雰囲気などが大事であることがうかがえます。

■教師・保育士との関係性

ここで、幼稚園・保育園の重要性で挙げた三つ目の点、信頼できる環境づくりに戻ってきます。結局のところ、子どもの能力を向上させるかどうかという点だけをみても、教師や保育士との信頼関係は大事だということになるようです。

第4章で、アタッチメントについて話をしてきました。ここでは、子どもは養育者との間に情緒的な関係性を築き、他者への信頼へとつながり、それが礎《いしずえ》となって、子どもの実行機能や向社会的行動は育まれることを紹介してきました。

「今を生きる」子どもは、養育者とのアタッチメントに問題を抱えている場合が少なくありません。その結果として、他者を信頼できないようになり、未来に向かうことが難しくなります。

養育者とのアタッチメントは教師や保育士との関係性にも影響を与えます。ですが、養育者と安定したアタッチメントを形成できないと、いつも教師や保育士との関係性が悪いというわけではありません。

つまり、養育者との関係性が悪くても、教師や保育士との関係性がしっかりと構築されていれば、子どもが未来に向かう力はしっかりと育まれる可能性があると考えています。まだまだ教師や保育士とのアタッチメントについては研究が多くないのですが、幼児期から小学校低学年くらいまでは、教師や保育士は、子どもにとってアタッチメントの対象になることができそうです。

事実、教師と良好な関係を築いている場合、そうでない場合よりも、子どもは学校にうまく適応できていることが報告されています。さらに、これがとても大事な点ですが、母親とのアタッチメントが不安定だった場合に、教師と子どもの関係がより重要な役割を果たします（文献8-7）。

この研究は学業成績についての調査ですが、養育者同様に、教師の足場づくりが子どもの実行機能に影響することも示されています。

これらの結果から、教師や保育士が、子どもが未来に向かうために、非常に重要な役割を果たしていることがわかります。教師や保育士は、親とは別の信頼できる他者として大事なのです。

ちなみに、小学校高学年ともなると、教師は子どもにとって、少なくとも情緒的には大事な存在ではなくなるようです。国内の研究から、小学校高学年の子どもに、自分にとって大事な他者を選んでもらうと、教師はペットと変わらない順位です。これも、子どもが成長したということなのかもしれません（文献8-8）。

■貧困支援はどうあるべきか

ここまで、子どもの未来に向かう力を育むためにできることについてみてきました。親や地域のリーダー、そして、幼稚園や保育園、学校が、子どもが未来に向かうための大事な役割を果たすことをみてきました。

心理学者として提言できることは、子どもと親の関係、子どもと大人の関係を重視することがメインです。これらから、行政に何か提言できることがあるでしょうか。特に、発達格差を生み出す大きな要因として、やはり貧困は見逃せないので、この問題にどのように立ち向かったらいいでしょうか。

ここで、二つの方向性について考えてみたいと思います。一つは、経済的な支援です。我が国でも幼児教育無償化などの教育の支援、母子家庭の支援、保護者の自立支援、児童手当等々、様々な経済的な支援がなされています。これらの支援によって、子どもの発達にも影響があるのでしょうか。この評価はなかなか難しいところです。

この点に関して、アメリカで始まっている「ベビーズ・ファーストイヤー・プロジェクト」について紹介しましょう。このプロジェクトは、経済格差と子どもの脳発達に関する研究を行っている神経科学者らが中心のプロジェクトです。結果はまだ出ていませんが、我が国では難しい、ランダム化比較試験で、経済的な支援が子どもの発達に与える影響を調べようとしています（文献8-9）。

ランダム化比較試験とは、研究者側が、参加者をランダムに治療群と統制群などに分け、治療群には薬や治療を行い、統制群には偽薬（プラセボ）等を与えることで、本当に薬や治療に効果があるのかを調べるための最も有効な方法です。

このプロジェクトでは、アメリカの低所得者の母親１０００人を、赤ちゃんが生まれたときに募集しました。母親にはデビットカードが与えられ、子どもが3歳過ぎになるまで、自由に使えるお金が提供されました。

母親の6割は統制群で、毎月20ドルを得ました。残りの4割の治療群では、毎月３３３ドルを受け取りました。この金額が大事なのは、アメリカで貧困とされるのは年間の収入が2万４２００ドル以下の家庭であり、毎月３３３ドル、年間で約４０００ドルを提供することで、年収を20～25％底上げすることができるからです。日本で言うと、毎月３～４万円というところでしょう。

このプロジェクトではこれらの家庭を訪問し、母親の健康状態、子どもの発達、家庭生活、親子のやりとりなど、ダニーデンがこれまでの縦断研究で調べていたものに加えて、脳波などを調べて脳発達の影響も調べようとしています。新型コロナウイルスの影響で計画どおりに進んでいないようですが、どのような成果が出るのか、注目を集めています。

このプロジェクトがもしうまくいけば、ベーシックインカムのような議論についても一つの証拠を提示することになるのかもしれません。

■かかわり方の支援の拡充を

しかしながら、現金給付自体にどれだけの効果が出るのか、懐疑的な見方は少なくありませんし、残念ながら我が国では生活保護等の給付自体、非常に厳しい目にさらされています。国会議員の中にすら生活保護を批判する人がいるのが現状です。

現金給付は一つの方法ではありますが、唯一の方法ではありません。

経済的な支援以外に貧困の家庭に必要なもの。それがもう一つの方向性である、子どもとのかかわり方の支援ではないか。そのことを示唆する研究が報告されています。

この研究では、0〜2歳の乳児を持つ129のジャマイカの貧困の家庭が、2年間の研究に参加しました（文献8-10）。この研究では、家庭は、毎週1キログラムのミルクをもらえるグループ、母親に子どもとの遊び方やかかわり方を教えるグループ、両方を与えられるグループ、両方とも与えられないグループの四つのグループにランダムに割り当てられました。こちらもランダム化比較試験です。

これらの子どもが、22歳になったときに、どのような能力や行動を示すかが調べられています。統計的に、栄養を与えることと、かかわりを教えることが、それらをしない場合と比べて、どれだけ効果があるかを検証しました。

その結果、知能や算数・読解などの学力といった認知的な要素が強い側面だけでなく、実行機能や向社会的行動ともかかわる攻撃的な行動や暴力的な犯罪について、かかわりを教えることの効果が認められています。赤ちゃんのときに親にかかわり方を教えることによって、様々なポジティブな効果が認められました。

一方、栄養を与えることによる効果はほとんど認められませんでした。この研究は様々な能力や行動への影響を調べていますが、栄養を与えられていない子どもたちとの違いはほとんど認められませんでした。

この研究は参加者数が多くないので、この結果を一般化することには慎重さが必要ですが、示唆的な研究結果と言えるでしょう。仮に現金を配っても、どのように使われるかはわかりませんし、仮に栄養状態や暮らし向きが幾分改善されても、子どもの発達への影響はあまり認められない可能性があります。

新型コロナウイルスなどの影響で当面は難しいと思われますが、親を対象に、家庭の中で子どもとのかかわりを教えるような、そういう事業がより必要だと思われます。

現在においても、子どもとアタッチメントを築くことに困難を示す親を対象に、かかわり方を教えるペアレントトレーニングがなされています。こういうものを、国や自治体が事業として推進していただくと、子どもの発達はより支えられることになるのではないかと考えています。

我が国でも、保健師の方々による家庭訪問などの事業はあります。新型コロナウイルスの影響で、保健師の方々は多忙であり、かつ、家庭訪問時に子どもとのかかわり方の指導をすることは容易ではありませんが、これらを参考にかかわり方の支援をする方法を模索できればと思います。

まとめ

本章では、子どもたちを支援するために、子ども個人の能力を引き上げるだけではなく、子どもの環境設計をするために何ができるかを考えてきました。

自治体で様々な事業をやっていただいていますが、届けたい人に届けることが難しく、幼稚園や保育園、子ども園などが重要な役割を担っている点を紹介しました。

また、現金給付よりも、子どもとのかかわり方を支援する方法について考える必要性についても説明をしてきました。

最終章となる次章では、今後の世界における発達格差について考えていきます。

第9章　これからの時代の発達格差

第8章までで、子どもの発達格差とその支援についてみてきました。本章では、本書の内容をまとめ、今後の世界における発達格差について考えてみたいと思います。

■発達格差を振り返る

幼児期から、子どもは「今を生きる」子どもと「未来に向かう」子どもに分かれているのではないかというのが、本書で言うところの発達格差でした。

「今を生きる」子どもは、他者を信頼しづらく、実行機能や向社会的行動が発達していないため、今を優先させるという特徴があります。

「未来に向かう」子どもは、他者を信頼し、目の前の報酬をがまんしたり、自分よりも他者を優先させることができたりして、「今」よりも「未来」を優先させることができます。

このような違いを生み出すのが、前頭前野等の脳の発達であり、その発達に関係するのが、貧困等の物質的に不足している状況や、他者を信頼しづらい社会的な状況でした。また、性別による影響もあるのではないかという指摘もしました。

第1章でもみてきたように、幼児期には、今を生きる傾向が強い子どもと、未来に向かう傾向が強い子どもが存在するものの、それぞれの傾向に二極化しているとまでは言えません。しかし、第3章でみたように、児童期から青年期、成人期に至る道のりの中で、格差は広がっていく可能性があります。

そのため、第7章や第8章でみたように、幼児期などの早期から、子どもの能力や、その親や関係者を含めた環境を支援することで、格差が広がらないようにする必要があると考えています。

「はじめに」で、ある社会階層（裕福な家庭）で生まれるという「入り口」と、ある学歴（高い学歴）になるという「出口」の間がブラックボックスだという話をしました。本書では、一例ではあるかもしれませんが、その間の過程を紹介できたのではないかと考えています。

■新型コロナウイルスの時代に

折しも、２０２０年から世界中の脅威となっている新型コロナウイルスが、今も猛威を振るっています。このような時代の変化が子どもたちに与える影響についても考えてみたいと思います。

中国に端を発した新型コロナウイルス感染症は、２０２０年初頭に日本でも確認され、その後、瞬く間に日本中に広がっていきました。高齢者や基礎疾患を持つ人を中心に重症化が進み、命を落とす人も増加しました。

本書を執筆している間に、日本社会は第二波、第三波を経験し、それが落ち着いたと思ったら、変異株の影響で関西地方を中心に新型コロナウイルス感染症患者は再び激増し、第四波を迎えています。この状況を受けて、三度目の緊急事態宣言が出されました。

特に最初の緊急事態宣言が出される前後、幼稚園や保育園、小学校や中学校、高校は休園・休校に、大学はオンライン授業となり、子どもたちの心身への影響が心配されています。

このような状況を受けて、筆者らは新型コロナウイルスが子どもたちの行動にどのように影響を及ぼしているか、検討を重ねています。途中経過になりますが、現在わかっていることを簡単にご紹介します。

まず、実行機能とかかわる多動性や向社会的行動は、少なくとも第一波や第二波の前後ではそれほど大きく変わっていません。経済的にゆとりのない層とそうではない層で格差が広がるのではないかと懸念していましたが、短期的には大きな変化は生じていません（文献9―1）。

他者についての信頼はどうでしょう。このことと関連して私たちが調査したのが、親子間の心理的距離の変化です。私たちの研究では、親からみた親と子の心理的な距離が、新型コロナウイルスによるパンデミックが起きる前と後では、縮まっている可能性を示しています。

第4章でもみたように、アタッチメントとは、子どもが何か不安なときや困ったときに養育者に接近し、安全や安心を得る傾向のことを指します。新型コロナウイルスとそれを取り巻く不安定な社会状況を敏感に感じ取った子どもは不安を感じ、親を求めているのでしょう。

新型コロナウイルスの影響で、家族が自宅で過ごす時間も増えています。これによって親と子どもの距離が縮まった可能性はあります。親と子どもの関係が良くなったという兆候かもしれません。

一方で、自宅で過ごす時間が増えると、虐待や体罰が増加することも指摘されています。さらに、新型コロナウイルスの影響で、解雇や休職を余儀なくされている方も増加し、経済的にゆとりのない家庭で育つ子どもたちの、「今を生きる」傾向が強まる可能性も懸念されます。実行機能などのスキルや、親を含めた子どもの周囲の環境が、新型コロナウイルスの影響でどのように変わっていくのか、長期的な検討が必要となってくるでしょう。

■デジタル機器の使用

新型コロナウイルスの影響について筆者が興味を持ったのは、デジタルメディアに関する子どもの能力です。休園・休校となり、公園までも閉鎖された緊急事態宣言下では家庭で過ごす時間は増え、必然的にテレビやDVDを視聴する時間や、タブレットやスマートフォンなどのデジタル機器を使用する時間も増えています。これは各種統計が示しています。

筆者らはさらに、デジタル機器を使用する時間が増えたことから、デジタル機器を使用する能力も向上したのではないかと考えました。

具体的には、タブレットやスマートフォンをタップしたりスワイプしたりするような操作スキルや、写真を撮ったりみたりするような機能を使うスキルが、パンデミック前後で異なるかを調べました（文献9-1）。

0~9歳の子どもを調べたところ、3歳以下の子どもでは、パンデミック前後で変化がありませんでした。3歳以下では、それほどデジタル機器に接触する時間もありませんし、ドラッグアンドドロップのような細かい運動技能が必要なスキルはまだ難しいようでした。

一方、4歳以降は違いが認められました。4歳以降では、操作スキルも機能を使うスキルも、パンデミック後に著しく高かったのです。特に、パンデミック後の5歳児の能力が、パンデミック前の6歳児の能力を上回るなど、大きな違いがみられました。

この研究で扱った内容は、比較的簡単なスキルなので、家庭の経済状態によってそれほど大きな違いはみられませんでした。ですが、デジタル機器の使用は、子どもにみられる格差を広げる可能性があります。

■デジタルディバイド

筆者が懸念しているのが、デジタルディバイドと言われる、デジタル機器の使用に関する格差です。情報格差とも言われます。

デジタルディバイドは、もともとは、インターネット等の情報通信技術を利用できる者と利用できない者との間に生じる格差のことを指し、地域間の格差や高齢者と若年者の格差などを指すために使われます。

子どもの文脈では、経済的な理由で、デジタル機器を持つことができる子どもと、持つことができない子どもの間でみられる格差のことを指していました。最近では、これらの格差に加えて、デジタル機器をどう使うかという点にも注目が集まっています（文献9-2）。本書でもこの点に注目してみたいと思います。

読者の皆さんは、どのようなデジタル機器をどのように使うでしょうか。筆者が主に使うのはスマートフォンやコンピューターですが、論文を書いたり、本を読んだり、いろいろな情報を調べたり、スポーツ中継をみたりすることに使っています。

それ以外にも、YouTubeをみたり、ゲームをしたり、アプリを使ったり、SNSを使ったりという使い道があるでしょう。このような使い方に格差が生まれているのではないかということなのです。

特に、本書の視点からすると、「今を生きる」子どもと「未来に向かう」子どもで、使い方が違うのではないかという懸念があります。

「今を生きる」子どもは、特に今を楽しむことを優先させるので、コンテンツ消費が中心となりそうです。

YouTubeをひたすらみたり、ゲームをひたすらやったり、延々とSNSに時間を費やしたりするのではないか。何かを学んだり、何かを生み出したりすることに利用できないのではないか。さらに、宿題や運動など別の活動をするべきときにも、デジタル機器から離れられないのではないか。

一方、「未来に向かう」子どもも、もちろんYouTubeやゲームに時間を費やすでしょう。しかし、宿題をするときは宿題に切り替えたり、運動をするときは運動に切り替えたりできるのではないか。

また、ただコンテンツを消費するだけではなく、たとえば外国語を身につけたり、投資の仕方を学んだり、起業したりするなど、消費者になるだけではなく、そこから学んだり、新しい価値を生み出したりできるようになるのではないか。

現在のところ、こうしたデータはありませんが、このような使い方の格差が生じるのではないかと考えています。

筆者は、多くの評論家の方々が懸念しているように、スマートフォンなどのデジタル機器によって、子どもの脳が破壊されるとは考えていません。

ただ、これまで存在した発達格差が、デジタル機器によって、そして、これからの時代に、デジタル機器がより必要となることによって、デジタル機器に使われてしまう子どもと、デジタル機器を使いこなす子どもの格差が著しく拡大していくのではないか、という懸念はしています。

今後の世界で発達格差がどのように変わっていくのか、推移をみながら、できる支援を考えていきたいと思っています。

まとめ

第9章では、本書の内容をまとめつつ、新型コロナウイルスのパンデミック等で社会情勢が変化する中で、今後、発達格差がどのようになるのか、筆者の考えを述べてきました。

経済的な点、親との関係という点、デジタル機器の使用という点を考慮すると、今後の発達格差は広がっていく可能性が否定できません。これまでみてきたように、支援がなければ格差は拡大する可能性が高いので、子どもの支援は喫緊の課題と言えるでしょう。

おわりに

発達心理学者として、これまで多くの子どもたちに研究に協力してもらってきました。日本のみならず、タイやベトナム、カナダやアメリカで子どもたちは、いつも私の研究に嫌がることなく協力してくれ、とても素敵な笑顔で私に元気と勇気を与えてくれました。本書は、子どもたちへのせめてもの恩返しです。彼女ら、彼らを待つ未来は、必ずしもバラ色ではありません。これまで以上に、不確定な世の中になることは間違いないでしょう。そうした子どもたちに、本書が何らかの道しるべになればと思っています。

支援を必要とする子どもの親や家族が、本書を手に取ることが難しいケースもあるでしょう。そのようなケースでは、本書を読んでいただいた読者の方から伝えていただけると嬉しく思います。

本書を書きながら自分のことを振り返ってみると、私は運が良かったのだということに気づかされます。他者を信頼でき、未来を向きやすい環境にありました。そうした環境を設定してくれた家族や友人、先生方に感謝するとともに、そのような環境を与えてもらいながら未だに不甲斐ない自分を反省し、今後に向けた努力の必要性を再認識しているところです。

本書で触れた内容の多くは、様々な先生からのご指導、共同研究、ディスカッションに基づいて書かれています。また、気鋭の発達心理学者である鹿子木《かなこぎ》康弘《やすひろ》先生と柳岡開地《やなおかかいち》先生には本書の一部に目を通していただき、有益なコメントをいただきました。本書執筆のきっかけをいただいたＰＨＰ研究所の宮脇崇広様には、編集者の視点から様々なコメントをいただき、ものすごいスピードで仕事を進めていただきました。ここに御礼申し上げます。

最後に、筆者は少し前までは基礎研究しか行っていなかったのですが、妻からの影響で支援の重要性を認識し、本書で書いたような研究や支援にも携わるようになりました。その間に娘に恵まれ、子育てをする中でその大変さにエネルギーを奪われつつ、娘の笑顔にエネルギーを補充させてもらっています。妻と娘に心から感謝したいと思います。

鳥や鹿で賑わう鴨川のほとりにて

森口佑介

参考文献

第1章

1—1　Moffitt, T. E., Arseneault, L., Belsky, D., Dickson, N., Hancox, R. J., Harrington, H., ... & Caspi, A. (2011). A gradient of childhood self-control predicts health, wealth, and public safety. *Proceedings of the National Academy of Sciences,* 108(7), 2693-2698.

1—2　Belsky, J., Caspi, A., Moffitt, T. E., & Poulton, R. (2020). The origins of you: How childhood shapes later life. Harvard University Press.

1—3　厚生労働省「第6回21世紀出生児縦断調査結果の概況」図13

1—4　Matsuishi, T., et al. (2008). Scale properties of the Japanese version of the Strengths and Difficulties Questionnaire (SDQ): A study of infant and school children in community samples. *Brain & Development,* 30(6), 410-415.

1—5　Collie, R. J., Martin, A. J., Roberts, C. L., & Nassar, N. (2018). The roles of anxious and prosocial behavior in early academic performance: A population-based study examining unique and moderated effects. *Learning and Individual Differences,* 62, 141-152.

1—6　Guo, Q., Zhou, J., & Feng, L. (2018). Pro-social behavior is predictive of academic success via peer acceptance: A study of Chinese primary school children. *Learning and Individual Differences,* 65, 187-194.

1—7　Qureshi, F., Koenen, K. C., Tiemeier, H., Williams, M. A., Misra, S., & Kubzansky, L. D. (2019). Childhood assets and cardiometabolic health in adolescence. *Pediatrics,* 143(3).

1—8　Suddendorf, T. (2013). The gap: The science of what separates us from other animals. Basic

Books.
1—9 Miller, E. K., & Cohen, J. D. (2001). An integrative theory of prefrontal cortex function. *Annual Review of Neuroscience*, 24(1), 167-202.

第2章

2—1 Mischel, W., Shoda, Y., & Rodriguez, M. I. (1989). Delay of gratification in children. *Science*, 244(4907), 933-938.
2—2 Michaelson, L. E., & Munakata, Y. (2016). Trust matters: Seeing how an adult treats another person influences preschoolers' willingness to delay gratification. *Developmental Science*, 19(6), 1011-1019.
2—3 Shoda, Y., Mischel, W., & Peake, P. K. (1990). Predicting adolescent cognitive and self-regulatory competencies from preschool delay of gratification: Identifying diagnostic conditions. *Developmental Psychology*, 26(6), 978–986.
2—4 Watts, T. W., Duncan, G. J., & Quan, H. (2018). Revisiting the marshmallow test: A conceptual replication investigating links between early delay of gratification and later outcomes. *Psychological Science*, 29(7), 1159-1177.
2—5 Doebel, S., Michaelson, L. E., & Munakata, Y. (2020). Good things come to those who wait: Delaying gratification likely does matter for later achievement (a commentary on Watts, Duncan, & Quan, 2018). *Psychological Science*, 31(1), 97-99.
2—6 Michaelson, L. E., & Munakata, Y. (2020). Same data set, different conclusions: Preschool delay of gratification predicts later behavioral outcomes in a preregistered study. *Psychological Science*, 31(2), 193-201.

2—7　日本財団（２０１８）「家庭の経済格差と子どもの認知能力・非認知能力格差の関係分析 —2・5万人のビッグデータから見えてきたもの—」

2—8　Noble, K. G., Norman, M. F., & Farah, M. J. (2005). Neurocognitive correlates of socioeconomic status in kindergarten children. *Developmental Science,* 8(1), 74-87.

2—9　Moriguchi, Y., & Shinohara, I. (2019). Socioeconomic disparity in prefrontal development during early childhood. *Scientific Reports,* 9(1), 1-8.

2—10　Brito, N. H., Fifer, W. P., Myers, M. M., Elliott, A. J., & Noble, K. G. (2016). Associations among family socioeconomic status, EEG power at birth, and cognitive skills during infancy. *Developmental Cognitive Neuroscience,* 19, 144-151.

2—11　Blair, C., & Raver, C. C. (2012). Child development in the context of adversity: Experiential canalization of brain and behavior. *American Psychologist,* 67(4), 309-318.

2—12　Rosen, M. L., Amso, D., & McLaughlin, K. A. (2019). The role of the visual association cortex in scaffolding prefrontal cortex development: A novel mechanism linking socioeconomic status and executive function. *Developmental Cognitive Neuroscience,* 39, 100699.

2—13　Else-Quest, N. M., Hyde, J. S., Goldsmith, H. H., & Van Hulle, C. A. (2006). Gender differences in temperament: A meta-analysis. *Psychological Bulletin,* 132(1), 33–72.

2—14　Shinohara, I., & Moriguchi, Y. (2020). Are there sex differences in the development of prefrontal function during early childhood? *Developmental Psychobiology.*

2—15　向日市ふるさと創生推進部広聴協働課（２０２０）「向日市男女共同参画に関する市民・事業所アンケート調査結果報告書」

2—16　Bian, L., Leslie, S. J., & Cimpian, A. (2017). Gender stereotypes about intellectual ability emerge early and influence children's interests. *Science,* 355(6323), 389-391.

2—17 Okanda, M., Meng, X., Kanakogi, Y., Uragami, M., Yamamoto, H., & Moriguchi, Y. (2021). Gender stereotypes about intellectual ability in Japanese children. Manuscript submitted for publication.

第3章

3—1 Moffitt, T. E., Poulton, R., & Caspi, A. (2013). Lifelong impact of early self-control. *American Scientist*, 101(5), 352-359.

3—2 Piccolo, L. R., Merz, E. C., He, X., Sowell, E. R., Noble, K. G., & Pediatric Imaging, Neurocognition, Genetics Study. (2016). Age-related differences in cortical thickness vary by socioeconomic status. *PLoS one*, 11(9), e0162511.

3—3 Bronfenbrenner, U. (1979). The Ecology of Human Development. Harvard University Press.

3—4 Shi, Q., Ettekal, I., Liew, J., & Woltering, S. (2020). Predicting differentiated developmental trajectories of prosocial behavior: A 12-year longitudinal study of children facing early risks and vulnerabilities. *International Journal of Behavioral Development*. https://doi.org/10.1177/0165025420935630

3—5 Bick, J., Zeanah, C. H., Fox, N. A., & Nelson, C. A. (2018). Memory and executive functioning in 12-year-old children with a history of institutional rearing. *Child Development*, 89(2), 495-508.

第4章

4—1 Schweinhart, L.J., Montie, J., Xiang, Z., Barnett, W.S., Belfield, C.R., Nores, M., (2005). *Lifetime Effects: The High/Scope Perry Preschool Study Through Age 40*. High/Scope Press.

4—2 Organization for Economic Co-operation and Development. (2015). Skills for social progress: The power of social and emotional skills. OECD Publishing.

4—3　国立教育政策研究所（２０１７）「非認知的（社会情緒的）能力の発達と科学的検討手法についての研究に関する調査報告書」
4—4　数井みゆき・遠藤利彦（２００５）『アタッチメント　生涯にわたる絆』ミネルヴァ書房
4—5　Howes, C. (1999). Attachment relationships in the context of multiple caregivers. In J. Cassidy & P. R. Shaver (Eds.), Handbook of attachment: Theory, research, and clinical applications (671-687). The Guilford Press.

第5章

5—1　Diamond, A. (2013). Executive functions. *Annual Review of Psychology*, 64, 135-168.
5—2　Wiebe, S. A., Sheffield, T., Nelson, J. M., Clark, C. A., Chevalier, N., & Espy, K. A. (2010). The structure of executive function in 3-year-olds. *Journal of Experimental Child Psychology*, 108(3), 436-452.
5—3　Zelazo, P. D., & Carlson, S. M. (2012). Hot and cool executive function in childhood and adolescence: Development and plasticity. *Child Development Perspectives*, 6(4), 354-360.
5—4　Zelazo, P. D., Blair, C. B., & Willoughby, M. T. (2016). Executive Function: Implications for Education. NCER 2017-2000. National Center for Education Research.
5—5　Zelazo, P. D., Anderson, J. E., Richler, J., Wallner-Allen, K., Beaumont, J. L., & Weintraub, S. (2013). II. NIH Toolbox Cognition Battery (CB): Measuring executive function and attention. *Monographs of the Society for Research in Child Development*, 78(4), 16-33.
5—6　森口佑介編著（２０１８）『自己制御の発達と支援』金子書房
5—7　Mischel, W. (2014). The marshmallow test: Understanding self-control and how to master it. Random House.
5—8　Casey, B. J. (2015). Beyond simple models of self-control to circuit-based accounts of adolescent

behavior. *Annual Review of Psychology*, 66, 295-319.
5—9 Lhermitte, F. (1983). 'Utilization behaviour' and its relation to lesions of the frontal lobes. *Brain*, 106 237–255.
5—10 Peters, J., & Büchel, C. (2011). The neural mechanisms of inter-temporal decision-making: Understanding variability. *Trends in Cognitive Sciences*, 15(5), 227–239.
5—11 Buchsbaum, B. R., Greer, S., Chang, W. L., & Berman, K. F. (2005). Meta-analysis of neuroimaging studies of the Wisconsin Card - Sorting task and component processes. *Human Brain Mapping*, 25(1), 35-45.
5—12 Moriguchi, Y., & Hiraki, K. (2009). Neural origin of cognitive shifting in young children. *Proceedings of the National Academy of Sciences*, 106(14), 6017-6021.
5—13 Moriguchi, Y., & Shinohara, I. (2019). Less is more activation: The involvement of the lateral prefrontal regions in a "less is more" task. *Developmental neuropsychology*, 44(3), 273-281.
5—14 Van Leijenhorst, L., Moor, B. G., de Macks, Z. A. O., Rombouts, S. A., Westenberg, P. M., & Crone, E. A. (2010). Adolescent risky decision-making: Neurocognitive development of reward and control regions. *NeuroImage*, 51(1), 345-355.

第6章

6—1 Eisenberg, N., Fabes, R.A., & Spinrad, T.L. (2007). Prosocial development. In Handbook of Child Psychology (eds. W. Damon, R.M. Lerner, & N. Eisenberg).
6—2 Hoffman, M. L. (2000). Empathy and moral development: Implications for caring and justice. Cambridge University Press.
6—3 Nowak, M. A., & Sigmund, K. (1998). The dynamics of indirect reciprocity. *Journal of theoretical*

Biology, 194(4), 561-574.

6—4　Warneken, F., & Tomasello, M. (2006). Altruistic helping in human infants and young chimpanzees. *Science,* 311(5765), 1301-1303.

6—5　Aknin, L. B., Hamlin, J. K., & Dunn, E. W. (2012). Giving leads to happiness in young children. *PLoS one,* 7(6), e39211.

6—6　Olson, K. R., & Spelke, E. S. (2008). Foundations of cooperation in young children. *Cognition,* 108(1), 222-231.

6—7　Kumaki, Y., Moriguchi, Y., & Myowa-Yamakoshi, M. (2018). Expectations about recipients' prosociality and mental time travel relate to resource allocation in preschoolers. *Journal of Experimental Child Psychology,* 167, 278-294.

6—8　Vaish, A., Carpenter, M., & Tomasello, M. (2010). Young children selectively avoid helping people with harmful intentions. *Child Development,* 81(6), 1661-1669.

6—9　Kato-Shimizu, M., Onishi, K., Kanazawa, T., & Hinobayashi, T. (2013). Preschool children's behavioral tendency toward social indirect reciprocity. *PLoS one,* 8(8), e70915.

6—10　Engelmann, J. M., Herrmann, E., & Tomasello, M. (2012). Five-year olds, but not chimpanzees, attempt to manage their reputations. *PLoS one,* 7(10), e48433.

6—11　Yamaguchi, M., & Moriguchi, Y. (2020). Children demonstrate selfishness in the presence of their personified objects. *Imagination, Cognition and Personality,* 40(1), 52-64.

6—12　Flynn, E., Ehrenreich, S. E., Beron, K. J., & Underwood, M. K. (2015). Prosocial behavior: Long-term trajectories and psychosocial outcomes. *Social Development,* 24(3),462-482.

6—13　西村多久磨・村上達也・櫻井茂男（２０１８）　向社会性のバウンスバック―児童期中期から青年期前期を対象として―　心理学研究　89, 345-355.

6—14 Cutler, J., & Campbell-Meiklejohn, D. (2019). A comparative fMRI meta-analysis of altruistic and strategic decisions to give. *Neuroimage,* 184, 227-241.
6—15 Wills, J. A., Hackel, L., FeldmanHall, O., Pärnamets, P., & Van Bavel, J. J. (2020). The Social Neuroscience of Cooperation. The Cognitive Neurosciences. The MIT Press.
6—16 Smith, C. E., Blake, P. R., & Harris, P. L. (2013). I should but I won't: Why young children endorse norms of fair sharing but do not follow them. *PLoS one,* 8(3), e59510.
6—17 Meng, X., & Moriguchi, Y. (2021). Neural basis for egalitarian sharing in five-to six-year-old children. *Neuropsychologia,* 154, 107787.

第7章

7—1 Belsky, J., Caspi, A., Moffitt, T. E., & Poulton, R. (2020). Why parents parent the way they do. The origins of you: How childhood shapes later life. Harvard University Press.
7—2 篠原郁子（２０１５） Sensitivityの派生概念と子どもの社会的発達—アタッチメント研究からの展望— 心理学評論 58, 506-529.
7—3 Bernier, A., Carlson, S. M., & Whipple, N. (2010). From external regulation to self-regulation: Early parenting precursors of young children's executive functioning. *Child Development,* 81(1), 326-339.
7—4 Waugh, W., Brownell, C., & Pollock, B. (2015). Early socialization of prosocial behavior: Patterns in parents' encouragement of toddlers' helping in an everyday household task. *Infant Behavior and Development,* 39, 1-10.
7—5 Daniel, E., Madigan, S., & Jenkins, J. (2016). Paternal and maternal warmth and the development of prosociality among preschoolers. *Journal of Family Psychology,* 30(1), 114-124.
7—6 Pastorelli, C., Lansford, J. E., Luengo Kanacri, B. P., Malone, P. S., Di Giunta, L., Bacchini, D., ... &

Sorbring, E. (2016). Positive parenting and children's prosocial behavior in eight countries. *Journal of Child Psychology and Psychiatry,* 57(7), 824-834.
7—7　鈴木亜由美（２０１０）　母親の養育態度及び育児不安が幼児の自己制御機能に及ぼす影響　幼年児童教育研究　30, 47-64.
7—8　Warneken, F., & Tomasello, M. (2008). Extrinsic rewards undermine altruistic tendencies in 20-month-olds. *Developmental Psychology,* 44(6), 1785-1788.
7—9　Barr, R., Lauricella, A., Zack, E., & Calvert, S. L. (2010). The relation between infant exposure to television and executive functioning, cognitive skills, and school readiness at age four. *Merrill Palmer Quarterly,* 56, 21-48.
7—10　Lillard, A. S., Li, H., & Boguszewski, K. (2015). Television and children's executive function. *Advances in Child Development and Behavior,* 48, 219-248.
7—11　Lillard, A. S., & Peterson, J. (2011). The immediate impact of different types of television on young children's executive function. *Pediatrics,* 128(4), 644–649.
http://dx.doi.org/10.1542/peds.2010-1919
7—12　Coyne, S. M., Padilla-Walker, L. M., Holmgren, H. G., Davis, E. J., Collier, K. M., Memmott-Elison, M. K., & Hawkins, A. J. (2018). A meta-analysis of prosocial media on prosocial behavior, aggression, and empathic concern: A multidimensional approach. *Developmental Psychology,* 54(2), 331-347.
7—13　Bernier, A., Carlson, S. M., Bordeleau, S., & Carrier, J. (2010). Relations between physiological and cognitive regulatory systems: Infant sleep regulation and subsequent executive functioning. *Child Development,* 81(6), 1739-1752.
7—14　Doi, S., Fujiwara, T., Ochi, M., Isumi, A., & Kato, T. (2018). Association of sleep habits with behavior problems and resilience of 6-to 7-year-old children: Results from the A-CHILD study. *Sleep*

Medicine, 45, 62-68.

第8章

8—1　Yamaguchi, S., Asai, Y., & Kambayashi, R. (2018). How does early childcare enrollment affect children, parents, and their interactions? *Labour Economics,* 55, 56-71.

8—2　Kosokabe, T., Mizusaki, M., Nagaoka, W., Honda, M., Suzuki, N., Naoi, R., Moriguchi, Y. (2021) Self-directed dramatic and music play programs enhance executive function in Japanese children. Manuscript under review.

8—3　Lillard, A., & Else-Quest, N. (2006). Evaluating montessori education. *Science,* 313(5795), 1893-1894.

8—4　Lillard, A. S., Heise, M. J., Richey, E. M., Tong, X., Hart, A., & Bray, P. M. (2017). Montessori preschool elevates and equalizes child outcomes: A longitudinal study. *Frontiers in Psychology,* 8, 1783.

8—5　Diamond, A., Barnett, W. S., Thomas, J., & Munro, S. (2007). Preschool program improves cognitive control. *Science,* 318(5855), 1387-1388.

8—6　Nesbitt, K. T., & Farran, D. C. (2021). Effects of prekindergarten curricula: Tools of the mind as a case study. *Monographs of the Society for Research in Child Development,* 86(1), 7-119.

8—7　O'Connor, E., & McCartney, K. (2007). Examining teacher-child relationships and achievement as part of an ecological model of development. *American Educational Research Journal,* 44(2), 340-369.

8—8　村上達也・櫻井茂男（２０１０）　児童期のアタッチメント対象の把握：Function Based アプローチによる検討　筑波大学心理学研究　40, 51-59.

8—9　Canada's Maclean's Magazine (2020). Can treating poverty change a child's brain? https://needlabcolumbia.wixsite.com/needlab/need-lab-in-the-news

8—10　Walker, S. P., Chang, S. M., Vera-Hernández, M., & Grantham-McGregor, S. (2011). Early childhood stimulation benefits adult competence and reduces violent behavior. *Pediatrics,* 127(5), 849-857.

第9章

9—1 Moriguchi, Y., Sakata, C., Meng, X., & Todo, N. (2020). Immediate impact of the COVID-19 pandemic on the socio-emotional and digital skills of Japanese children. https://doi.org/10.31234/osf.io/6b4vh

9—2 Talaee, E., & Noroozi, O. (2019). Re-conceptualization of “digital divide” among primary school children in an era of saturated access to technology. *International Electronic Journal of Elementary Education,* 12(1), 27-35.

PHP新書
PHP INTERFACE
https://www.php.co.jp/

森口佑介［もりぐち・ゆうすけ］

発達心理学者。京都大学大学院文学研究科准教授。福岡県生まれ。京都大学大学院文学研究科修了。博士（文学）。専門は発達心理学・発達認知神経科学。子どもを対象に、認知、社会性、脳の発達を研究する傍ら、大阪府の家庭支援事業にも携わる。子どもに関わる仕事をしている人への講演等を通じて、子どもの発達に関する知見を広く発信している。著書に『自分をコントロールする力　非認知スキルの心理学』（講談社現代新書）、『おさなごころを科学する　進化する乳幼児観』（新曜社）など。Twitter:@moriguchiy

子どもの発達格差
将来を左右する要因は何か

（PHP新書 1264）

二〇二一年 六 月二十九日 第一版第一刷
二〇二四年十一月二十二日 第一版第七刷

著者――森口佑介
発行者――永田貴之
発行所――株式会社ＰＨＰ研究所
東京本部――〒135-8137 江東区豊洲5-6-52
ビジネス・教養出版部 ☎03-3520-9615（編集）
普及部 ☎03-3520-9630（販売）
京都本部――〒601-8411 京都市南区西九条北ノ内町11
組版――有限会社メディアネット
装幀者――芦澤泰偉＋児崎雅淑
印刷所
製本所――大日本印刷株式会社

ISBN978-4-569-84978-2

PHP新書刊行にあたって

「繁栄を通じて平和と幸福を」(PEACE and HAPPINESS through PROSPERITY)の願いのもと、PHP研究所が創設されて今年で五十周年を迎えます。その歩みは、日本人が先の戦争を乗り越え、並々ならぬ努力を続けて、今日の繁栄を築き上げてきた軌跡に重なります。

しかし、平和で豊かな生活を手にした現在、多くの日本人は、自分が何のために生きているのか、どのように生きていきたいのかを、見失いつつあるように思われます。そして、その間にも、日本国内や世界のみならず地球規模での大きな変化が日々生起し、解決すべき問題となって私たちのもとに押し寄せてきます。

このような時代に人生の確かな価値を見出し、生きる喜びに満ちあふれた社会を実現するために、いま何が求められているのでしょうか。それは、先達が培ってきた知恵を紡ぎ直すこと、その上で自分たち一人一人がおかれた現実と進むべき未来について丹念に考えていくこと以外にはありません。

その営みは、単なる知識に終わらない深い思索へ、そしてよく生きるための哲学への旅でもあります。弊所が創設五十周年を迎えましたのを機に、PHP新書を創刊し、この新たな旅を読者と共に歩んでいきたいと思っています。多くの読者の共感と支援を心よりお願いいたします。

一九九六年十月

PHP研究所